刑事弁護人のための隠語・俗語・実務用語辞典

第2版

弁護士
下村忠利
[著]

現代人文社

◎第２版まえがき

本書の第１版を７年前に上梓したところ，予想以上の大きな反響を得ました。

筆者の乏しい経験にもとづいて作成したものとはいえ，他に類書が少ないことから，実務的な要望に応えることができたのかなと，受けとめています。

ところで，第１版については，用語が関西方面のものにのみに限られている。つまり「全国版」ではないというご指摘がありました。

そこで，初版の前書きに記した作家の藤村昌之氏の更なる協力を得て，広く各方面の用語を収集して補充し，ここに第２版として大幅な増補をすることができました。この数年間の法律の改正もできるだけもり込みました。

近時は，時空の進行スピードが早くなり，次々と新しい俗語が生まれています。また，差別語は死語になっていくべきでしょう。

さらに，我々は，「コトバ」だけでなく，身体での「仕草」や「合図」によって，互いに意思を通じあわせることもあるので，新しく章を設けてみました。第１版同様，本書には，差別語など不適切な用語が収録されていますが，本書のテーマを汲んでご容赦願います。

この 20 数年にわたって，わが国の刑事司法の「人質司法」「調書裁判」の弊害が，裁判員裁判の実務によってどう克服されてきたのか，が最大の課題です。

そこでは，刑事弁護人の活躍なしには，何の前進もありえなかったことは言うまでもありません。被疑者・被告人さらには受刑者が人間として十分納得できる取り扱いを受けること，すなわち基本的人権のための闘いをすることは刑事弁護人の使命であり，当事者との協同によるものです。

被疑者・被告人のための「熱心弁護」の精神と実践は，まずは当事者との意思疎通による信頼関係の醸成から始まります。いわゆる「コミュ力」（コミュニケーションの能力）の向上が必須です。

本書がその一助になれば，望外の幸せです。

2023 年９月

弁護士　下村忠利

◎第１版まえがき

私が刑事弁護活動をしてきた中で触れた，刑事弁護人として知っておくとよいと思われる用語について，思いつくままに集めて編集してみました。これらは一般用語や法律用語でもなく，その多くはいわゆる「**隠語**」「**俗語**」の類といえます。

隠語とは，「特定の仲間の間にだけ通用するように特別の意味を付与して用いる語」（『広辞苑』）のことです。仲間うちでしか意味が通じない言葉を使うことによる仲間意識の醸成，一般社会に対する一種の反発心，活動内容を第三者に知られないようにするための秘密保持など，それぞれ様々な要因があると考えられています。特定の社会の長い歴史の中で培われてきたものといえます。

しかし，これがいつしか一般社会でも俗語として使用されるようになっているものも少なくありません。

また，捜査官など刑事司法関係者の中で使われる独特の「**実務用語**」があります。

このような言葉の言いまわしや実務における用語を知っていることは，刑事事案についての理解を深め，依頼人らとのコミュニケーションを円滑にし，強い信頼関係を築く基礎となることも多いのです。

おもしろいことに，同じ言葉でも使用される状況，使用する人物によって全く意味が異なります。また，地域によっても大きな違いがあります。

そのため，**【語源】**や「**使用例**」をできるだけわかりやすくしてみました。

本文中に差別用語がありますが、本書の趣旨を汲んで、ご理解ください。

なお，本書は，畏兄・**浦功**弁護士の古稀を記念して，熱心弁護の志に溢れる大阪パブリック法律事務所の所員の支援を得て，作成しました。

また作成にあたっては，作家の**藤村昌之**氏の全面協力を得たことを付記して感謝の意を表します。

2016 年３月

大阪パブリック法律事務所所長・弁護士　下村忠利

目次

※用語は各項目内に五十音順に掲載している。

1　よく使われる用語

アウト　窮地や失敗の意味で使われる。「先生，こんなことでアウトになるんでっか」のように使われる。助かった場合は「**セーフ**」。

アオカン　野宿すること。場合によっては，野外で性交すること。【語源】**青**天井の下の邯鄲（**カンタン**，こおろぎのこと）から。「**アオカン**しとったら職質にかかり，尿検でパクられました」。別に，屋外における強姦一般の意味で使われることがある。

アオタン（青丹）　暴力により皮下出血で顔面にできた青アザのこと。別に，覚せい剤の注射の失敗の跡のことをいう。また，別に無銭入場のことをいうので注意。

アゲアゲ　好調。調子が良い。「今，アゲアゲですねん」。

アゴアシ　食事（アゴ）と旅費（アシ）。「アゴアシつきで仕事させてくれまへんか」。

アゴいく　弁解をたくましくすること。単に喋るという意味もある。「**アゴ固い**」というときは，いらぬことを話さないことである。「**アゴが達者**」は雄弁で口がうまいこと。「アゴばっかりの奴」と否定的な意味でも使う。

アコギ　悪どい，非道。際限なくあつかましくむさぼること。【語源】伊勢国阿漕ヶ浦の漁夫が密漁して海に沈められ，地獄で苦しんだという話から。「あこぎなまねをするな」。

足がつく　犯罪や悪事の証拠を残す。「足がつかんように注意せいよ」。

アジト　隠れ家のこと。

頭グリグリになる　自分の置かれた状況に困惑してしまい，正常な判断ができず疑心暗鬼になっている心理状態のこと。「あいつ，もう頭グリグリになっていて，どうしようもないわ」。

頭焼けてる　常識外れの発想をすること。「あんな頭の焼けてる奴のことなんか信用せんとってください」。

アッシー　主に女性が男性に運転させ足がわりとする。「あんな男は彼氏とちがう。アッシーや」。

アナ兄弟　同じ女性とセックスした男同士のこと「ワシとあいつはアナ兄弟や」。「**マラ兄弟**」ともいう。

あばずれ　阿婆擦れとは，人ずれしていてずうずうしい女性のこと。

アブレ　仕事にありつけないこと。大阪・西成では，「**アンコ**」が「アブレ」て給付金をもらう。

アヤつける　因縁，言い掛かりをつけて，金を奪ったり脅迫したりする。主に関東地方で使用される。「なにアヤつけてんだよ」。関西では「**イチャモン**をつける」という。「なに**イチャモン**つけとんねん」。このように地方によって言葉が全く違う。

アルアル　ありそうなこと。「それはアルアルやで」。

アンテナ張る　情報が入るようにあらかじめ手を打っておく。「あっちこっちにアンテナ張らしてますから心配いりまへん」。

アンコ　土方。人夫のこと。「刑務所出て，どこも雇ってくれまへん。アンコにでも出ますわ」。

イカナゴ　痩せた者。「あんなイカナゴみたいな女に騙されて」。

イケメソ　イケメンでメソメソする男。「ワシも娑婆ではイケメソで売ってましてん」。

行き腰（ごし）　喧嘩根性。「あいつは行き腰のある男や」。

イケイケ　強気で勢いがあること。向こうみずで攻撃的な性格の者を指す。組織を称することもある。「あいつらイケイケでっせ」。

イチビル　ふざけること。「イチビッタことしとったらあかんぞ」。

いっしゅく　ちょっとした世話になること。【語源】一宿一飯の意から。

一銭ピー　ほとんどお金を持っていないこと。関東では「**オケラ**」という。「100 円ほどおまへんか。一銭ピーで朝からなんにも食うてまへんねん」。

一匹狼　誰とも群れず一人で行動する。不良の一匹狼や**半グレ**の一匹狼。性根が据わっている本格的な一匹狼もいれば，誰からも嫌われ友達もいないので「俺は一匹狼や」と自称する者もいる。

イモ　田舎者やアカヌケしない者を言う。「あんなイモに嫁はんを寝取られて，つい逆上してまいました」。

イモ引く　怖くなって腰くだけになる。「あいつは初めからイモ引いとるわ」。【語源】畑のイモを引き抜く姿が，へっぴり腰に見えることから。

イヤキチ　とんでもない嫌がらせ。「イヤキチされている」は不平等で不当な扱いを受けていると思われるときによく使う。

イラウ　「**おちょくる**」。または，シノギの意味でも使用。①「あんまりいろうたんな，俺が可愛いがっとるんや」，②「あの店いろうてよろしいか」。

インケツ　貧乏クジを引いたり，予定が狂って損をすること。「ほんまインケツですわ」。

ウザい　うっとおしい。「ウチは被害者です。ウザいストーカーについ手を出してしまいました」。

売る　警察や権力者に他人の悪事や犯罪を伝える。「あいつに売られて前刑に落ちたんですわ」。

ウロくる　目を白黒させて慌てる。「逮捕のときウロきとったから暴れたかもわかりまへんが覚えてまへん」。【語源】囲碁の白黒。「烏（からす）と鷺（さぎ）」（うろ）から。

絵を描く　自分の思惑どおりのストーリーを描くこと。関東では「**絵画**（えず）」という。「共犯に絵を描かれて主犯にされてしまいました」。

エライ目にあう　予想もしない大変なことになる。立派だという意味の「偉い」とは大違いである。

往生（おうじょう）　観念して，抵抗や抗弁をあきらめる。「もう往生しますわ」。【語源】仏教用語。この世を去って極楽浄土に往って生まれることから。

オダを上げる　意気込みを見せる。前に出る。

オチャラケ　おもしろがってふざける言動。関東の言葉。関西では「**おちょくる**」という。

おどらされる　振りまわされる。いいようにこき使われる意味になる。

踊（おど）らす　そそのかす。「ちょっとおどらしてシノギにかけたれ」。

オトンボ　末っ子。「あの子はオトンボで甘やかしすぎてこんな事件を起こしました」。

男をあげる　派手なことや義理を果たして自分の名声を上げる。「立派なもんです。男をあげましたな」。「**男になる**」とも言う。

男を見せる　喧嘩や仕事などで積極的に動き，手柄を立てる。そういう格好良い人物を「**男前**」という。「お前，ここらへんで男を見せい」。

オラオラ　いつも大声で威嚇的な言動をしている者。「うちの彼氏はオラオラやで」。

終わってる　落ちぶれている。その世界における再起不能者の蔑称。「もうあいつは終わってますわ」。

街宣（がいせん）　宣伝カーなどで主義主張を伝える活動をすること。所轄警察署への届出がいる。

垣根（かきね）　とりまき。「あの人は垣根が多いから近寄れん」。

カカト落とし　足蹴りの方法のひとつ。足を振り上げ，カカトを相手の身体に振りおろす。

囲（かこ）い込む　味方や仲間に引き込む。「あいつらを囲い込め」。

ガスぬき　一息いれる。「よう頑張りよったから，ちょっと**ガスぬき**させたれ」。

ガセネタ　誤った情報。**【語源】**ガセ（傷）とネタ（情報）。「**おんどれ**なめとるんか。ワシらにガセネタつかませやがって」。

型にはめる　相手を自分のストーリーの枠内にきっちり固めてしまうこと，あるいは自分の支配下に置くこと。「あのガキめ。きっちり型にはめたるわい」。

型（カタ）悪い　他人に迷惑をかけるなど，嫌われる行動をする。「あいつはカタ悪いから近寄るなよ」。

ガチでいく　本格的に全力で行動すること。「今度のシノギはガチでいくで」。

ガテ　手紙（てがみ）の省略語・逆語。「ガテ飛んできました」。特に秘密めいた手紙をいう。

カバチを垂（た）れる　文句や屁理屈をいうこと。広島弁から発生。

カブる　他人の罪を自分の行為として認める。あるいは共犯者のことを供述せずに，一人で責任をとる。これをして「あいつは**男になった**」とか「**男前**になった」とかアウトローの世界では評価される。

構える　戦う。「こっちも構えまっせ」。

カマかける　秘密を喋るように仕向ける。「カマかけたら一発で喋りよったわ」。

カマシ　恫喝，場合によっては嘘を含んだ脅し。「ワシがカマシ入れときました」。

咬（か）まれる　反抗的な言動をとられる。「あのガキ，わしに咬んできよったわ」。

カライ　厳しい。

可愛がる　しごく。いじめる。そのままの言葉とはまるで逆の意味で使われるので注意。【語源】相撲の用語から。

ガンつける　対象者として目をつける。「**ガンとばす**」はケンカの直前でにらみつけること。「誰にガン**飛ばして**んだよ」と主に関東者が使う。

ギスギスにする　冷酷，非情にいためつける。

キスグれる　キス（酒のこと）におぼれて，身を持ち崩す。「キスグレて，どうせオイラの行く先は，その名も**網走番外地**（網走刑務所）」という歌がある。

基地（きち）　隠れ家。「**ベース**」とも呼ぶ。

キモイ　気持ちが悪い。

逆ギレ　居直るように反撃すること。「ワシが逆ギレして殴り倒したらパトカーを呼ばれました」。

逆玉（ぎゃくだま）　金持ちの女性と良い仲になる。「近頃，**ハブリ**がええと想ったら，逆玉に乗ってやがった」。

キャンといわす　攻撃して犬のようにキャンと鳴かす。

キョヒル　拒否する。「今回の仕事はキョヒルわ」。

ギリ（義理）かむ　好ましくない，あるいは，余計な義理（負担・借り）を背負ってしまうこと。「あいつに弁護費用まで出させては，ギリかんでしまうので選任は結構です」。

キレる　がまんできなくなって，自制がきかず，突然暴力的に変身する。「もうキレてしまいましたんや」。

金魚のフン　兄貴分や友達について回る者のこと。

金的（キンテキ）　金づるになるカモのこと。「あいつはキンテキやぞ。うまいこと近づけ」。

金星（きんぼし）　美しい女性のこと。【語源】相撲の用語から。

空気入れる　無理矢理にでも元気づける。場合によっては，そそのかす，けしかける。「目いっぱい空気入れときました」。

クサむ　贋物をつかまされる。「贋物（**パチもん**）にやられてクサんでますねん」。

クスボる　何ごともぱっとせず，発展がない。【語源】燻（くすぶ）るから。

クソ　くだらない者や事物のこと。「あんなクソにハメられてもうた」というのは人物。「クソみたいな仕事です」となれば，事物となる。「クソ」が指す意味をすぐに判断することと。

クソミソ（糞味噌）　善悪や美醜などの区別をつけないこと。「ミソもクソも一緒にするな」。場合によっては，相手に一方的にいうこと。「ミソクソにいったるで」。

クモスケ（雲スケ）　たちの悪いタクシー運転手のこと。

グリコ　まるでお手上げ状態のこと。【語源】大阪道頓堀のグリコの広告の両手をあげたランナーの姿から。

クリソ　似ていること。ソックリの逆語。「あの二人はクリソやで」。

グレる　不良になる。

くんろく　相手に強く言って言い含めること。「くんろく入れる」のように使う。「96 パーセント」は威圧によるが，残りの「4パーセント」は「次は殺す」との警告であると言われているが定かではない。100 パーセントまであと残りは4パーセントしかないぞとの強い脅迫。

ゲーセン　ゲームセンターの省略語。「ゲーセンで引っ掛けた女がミテコで，パコったらパクられました」。

ゲサ　大げさの省略語。「ゲサにぬかすな」。

ゲス　下品な人物のこと。「ゲスの勘ぐり」。

ケツあげる　帰る。「そろそろケツあげてくれたらええのに」。

ケツをかく　そそのかすこと。「ケツかいたりましたんや」。

ケツ叩く　気合を入れる。「しっかりケツ叩いとけよ」。

ケツの毛を抜く　すべてむしり取る。「あいつのケツの毛まで抜いたれ」。

ケツ拭（ふ）く　後始末をする。「あいつのケツばっかりふいてきました」。

ケツまくる　居直ること。「ケツまくったら，ギャフンと言いよりました」。

ケツ持ち 金を納めて暴力団に背後で擁護してもらっていること。「オレのとこのケツ持ちは，○○組やで」。大阪では単に「面倒見てもらう」とか「バック（後ろ盾）がいる」ということが多い。

ケツを割る やるべきことを続けられなくなってしまい，辛抱できず離脱すること。「**ケツ割り**」はそのような人物をいう。「何回ケツ割ったら気すむんや。今度は辛抱できんぞ」。刑事は，「ワシの調べはちょっときついぞ。ケツ割るなよ」と脅かす。

けりをつける 決着をつけ，終わりにする。**【語源】**和歌の終結の言葉として「けり」が使われることから。

ゲンナマ 現金。「あの家にはしこたま**ゲンナマ**眠ってますよ」

ゴケグモ 男性を食いちらかす女性。

虚仮威（こけおどし） 見せかけに反して内容のないこと。

コケ（虚仮）にする バカにする。軽くあしらう。バカにする。「あのガキ，ワシを**コケ**にしやがって」。「ここまで**コケ**にされたら黙ってられん」。

コケる 失敗する。「シノギでコケて，**クスボ**ッてますねん」。

コシャ 軽微でささいなこと。「コシャな奴」は小人物。「コシャな量」は薬物などが少量のこと。「**コシャ売り**」は末端での小売り。

こせつく こまごましたことにこだわる。「そんなにこせついとったら嫌われるぞ」。

ゴチ ごちそうになる。「ゴチになります」。

コテコテ 場慣れしている厚かましい者。

米ビツ　シノギのこと。「人の米ビツに手を入れやがると承知せんぞ」。

コヤシにする　失敗を取り戻す。「今度の「**へた打ち**」を必ずコヤシにしてみせます」。

コリャコリャ　何の問題もなく簡単という意味。「こんなんは，コリャコリャのシノギですわ」。

ゴロまく　喧嘩をすること。「**おんどりゃ**，4課（暴力団担当）相手にゴロまくんかい」と刑事も使う。

ゴンタ　喧嘩にあけくれる者にアダ名でつけられることが多い。「ゴンタ」と呼ばれる者にとっては名誉なアダ名。「**ゴジャ**」「**ゴチャモン**」も同義。

サクサク　あっさり，手早く。「サクサクとしたええ男です」。刑事なども「サクサクと正直に喋れよ」と使う。

サゲマン　人を不幸にする素姓の悪い女性のこと。「**アゲマン**」は，男を好運に導く良い女性。逆に，女が男に使う場合は，「**サゲチン**」，「**アゲチン**」。「あんなサゲマンとつき合うから，ろくな目にあわんのや」。

ザコ　小物。「あんなザコとわしと一緒にせんとってくれ」。

サス　犯罪を密告する。刃物で刺すことではない。「あいつにササれるとは思わんかった。まさに飼イヌに手を咬まれたいうこっちゃ」。

さぶい　自分が捜査の対象となっていると思われるので，心配になってたまらないこと。気候が「寒（さむ）い」ことではない。敵対関係者から狙われているような場合にも使う。「どうもワシもさぶいみたいですわ」。

サマになる　格好良く見える。「なかなかサマになってきましたね」。

サラ　新人。「全くサラですねん。いろいろ教えてください」。

触（さわ）る　ちょっかいを出すこと。「あいつには触らんほうがええで」。

シカト　無視する。「ほうー！　ええ根性や。いつまでもそうやってシカトしとけ。きっちりいてもうたるからな」と刑事が脅迫する。【語源】花札の「鹿」が横を向いていることから。

シケ　どうしようもない状況。「今月はシケや。どないもならん」。【語源】暴風雨のシケ，不漁から。別に，「**シケ張り**」というと「見張り役」のこと。

シケモク　吸い残したタバコ。

仕込み　計画。謀略の準備。「仕込みは終わりました」。

シコる　こだわりやしこり，遺恨が残ること。全く別に，男性の自慰行為をいう場合もある。【語源】シコシコすることから。

ジゴロ　女性にたよって生活する男。【語源】フランス語（gigolo）。

仕留める　憎い相手をやっつける。あるいは「出所したら仕留めたります」。別に，仕事（**シノギ**）を成功させる意味に使用されることもある。

シノギ　収入源，生活手段。ほとんど「**正業**」ではない行為である。「なんかええシノギおまへんか」。「うまいことシノイだれ」。【語源】凌ぐ。苦しいことを我慢して切り抜けることから。

しばく　棒などを使ってひっぱたくこと。

シビレル　素晴らしい。最高の表現。「あの人にはシビレました。尊敬してます」。

シブイ　格好が良い。「あの人はシブイ」別に「ケチ」の意味もあるので注意。

シメル　**ヤキ**（制裁）を加える。リンチ。

ジャキまわす　猜疑心を抱く。【語源】「邪気」のことだが，車体を上げる「ジャッキ」から「回す」と表現されるようになった。「あいつはすぐジャキをまわしよる」。

ジャジャ馬　手のつけられない悪い女性。

シャバ　通常の自由な社会，世間。【語源】娑婆（仏教用語）。古代インド語の「サーハ（Saha）」，苦しみを耐え忍ばねばならない世界の意。「**シャバッケ**がとれない」は，世俗的な利益から心が離れられないこと。

シャレぬきで　冗談抜きで真剣な話をする。

シ（チ）ュン太郎　今まで強がっていた者が，急に元気がなくなり，おとなしくなること。「あいつオレを見たとたんにシュン太郎になりよったわ」。

背負子（しょいこ）　違法な荷物とかを持たされる者。ときには死体も。

背負う（しょう）　他人の罪までカブる。「**身がわり**」になる。「逮捕された以上，この際，あいつの分までしょえ（背負え）」。

ショボイ　小さい。細かい。「ショボイ罪でパクられた」。

尻軽（しりがる）　誘われると直ぐ承諾し，行為に及ぶ女性。

しわい　ケチ。「あいつはしわいで，1万円の銭も貸しよらん」。

ジンガイ　外人の逆語。「ジンガイと揉めましたんや」。

白い服（べべ）と　死と懲役。「白い服着るか，赤い服着るか，ここは勝負や。

赤い服（べべ）　肚を決めい」。【語源】白い服は死に装束，赤い服はかつての受刑者の服である（現在は緑色）。

神経（しんけい）　こだわりが強く，細かいことを言い立てる者。「あいつはシンケイや」。

スケ　愛人のこと。「新しいスケの**ヤサ**でパクられましてん」。

スケ番　女番長のこと。

スケコマシ　女性を欺して働かせ，自分は遊んで暮らす男。「ヒモ」の同義語。「あんなスケコマシとワシを一緒にせんとってくれ」。

助平根性　欲に目がくらみ，いろんなことに手を出したがること。「つい助平根性を起こしてもたわ」。「助平」は好色なこと。【語源】好きを擬人化した「好兵衛」（すきべえ）から。

筋（すじ）を通す　仁義を守る行動をとる。「あの男はきっちり筋を通した」。

スベル　失敗する。「スベッてしましました」。

ズブシロ　ズブの素人。つまりカタギ。関東で使われることが多い。

ズブズブ　関係が癒着していること。「あいつは**ポリ**とズブズブや。信用したらあかんぞ」。

スメハラ　においがくさい。「あのオッサンのスメハラはひどい」。

ズラ　カツラ。元々は芸能界用語。「あの社長はズラと違うか」。

セビる　あれこれ理由をつけて金を無心する。

センミツ　嘘つき。【語源】千の言葉をしゃべるが，真実は3つしかないことから。「センミツを信用したら，きっちりパクられました」。

ソッコー　直ぐ。「先生、ソッコー保釈請求してください」。

ゾンビ　やられてもやられても平気で向かって来る者。

たい（体）をかわす　警察に逮捕されることを恐れて，身を隠すこと。敵対関係者から逃げる場合にも使う。「暫く体かわしてたけどチンコロでパクられました」。

タケノコハギ　キャンセル料金のぼったくり専門家。【語源】タケノコの皮を次々はぐようにすることから。

タコなぐり　むちゃくちゃに殴りつけること。「タコなぐりにしてるところを現行犯逮捕されました」。

ダサい　かっこ悪い。「**イモ**」「**タゴサク**」とも言う。服装や人物そのものも指す。「ダサいガキや」「あんな**イモ**いつでもいわしたる」「**タゴサク**がえらそうにぬかすな」。

たそがれる　シノギがうまくいかなかったり，ゲームで負けたりして，呆然自失となる。「ゲームでやられて，たそがれてます」。

質（タチ）悪い　性格が大変悪いこと。

ダチコウ　友達。悪友。「あいつとはダチコウです」。

タヒね　「死ね」の新しい隠語。大阪のある弁護士が作ったといわれているが、品がない言葉である。

ダボ　身のほど知らずのバカな人物（神戸でよく使われる言葉)。「このダボめ！」。

ダボサク　使いものにならない人物。「あんなダボサク使うとったら，しまいに捕まるぞ」。

タボハゼ　なんでも食いつく人のこと。「あのガキはタボハゼみたいな奴ですわ」。

タメ口（ぐち）　気兼ねなく，自由に喋ること。【語源】タメ（同じ歳）から。「なにをタメ口きいとるんや」「あいつと俺はタメや」。

旅かける　警察に捕まるので地方に逃走して暫く様子をみる。「ちょっと旅かけるから，後のことは頼むぞ」。

ダルマ　全く手も足も出ないこと。「ダルマさんで暮らしてます」と自嘲する。

タンカ（啖呵）を切る　鋭く歯切れのよい言葉で相手をやっつける。

ダントツ　群を抜いた人物やすぐれた物品。「ここの留置場のメシはダントツですわ」。

チクる　告げ口すること。クチの逆語。「**ネタ**は割れてますねん。あいつのチクリですわ」。「**タレコミ**」ともいう。

チャックする　肝心なことは喋らない。「口にチャックしとけよ」。

ちゃぶ台返し　辛抱できず前言を翻して喧嘩を売る。

チャランポラン　いいかげんで無責任なこと。

チャリ　モミアゲのこと。別に，自転車のことをチャリという。女性用は**ママチャリ**。

茶碗とハシを落とす　「**シノギ**」を潰す。「なめとったら茶碗とハシ落としてまうぞ」。

茶をしばく　喫茶店などでコーヒーを飲むこと。「ヒマやのう。茶でもしばくか」。棒などで引っぱたく意味の**しばく**とは全く何の関係もない。

チョウ太郎　金づる。関東では「**ダンペ**」という。

町内のマイク　お喋りのこと。「あんな奴に話したらあきまへんで。町内のマイクでっせ」。

チョロコイ　対処するのにさしたる苦労がない。単に「**チョロイ**」ともいう。「チョロコイ取調べですわ。黙秘でがんばってます」。

チョロまかす　ごまかして，一部を自分のものとして隠匿すること。「また**シナモン**（薬）をチョロまかして一発入れて**ボケ**とるな」。「**へつる**」ともいう。

チョンボ　失敗。「またチョンボしやがった」。【語源】麻雀用語から。

チルイ　落ち着く。「俺も歳やし，そろそろ**チルる**わ」。

チンカス　どうしようもない奴。【語源】男性器の垢(アカ)から。「あんなチンカス，**いわし**たれ」。

チンケな奴　スケールの小さい者。小人物。「大きい顔しとるけどチンケな奴ですわ」。

チンタラ　だらけた態度。「チンタラさらすな。さっさとやれ」。

ツーカー　意思の疎通が完璧であること。「ワシとあいつは昔からツーカーや」。

ツルむ　意思を相通じる。「共謀」「共同」してある行為を行うこと。「一緒にツルんで**ヤマ**踏んできた仲です」。

ツレもっていく　自分だけで出頭するのが嫌なので共犯者のことを**うたう**。

手が合う　ウマが合う。「手が合うと思うて二人で空き巣のコンビを組んだら使いものにならん奴でした」。

鉄仮面　面の皮が厚い。恥知らずで厚かましい者。「あの**鉄仮面**め。ワシを裏切りやがって」。

デキン（出禁）　出入禁止になっていること。

鉄板はる　どのような事実を突きつけられても平然とシラをきっていること。そのような人物のことを「**鉄工所**づとめ」ともいう。単に「**鉄板**」というと，約束を堅く守る人物のことをいうことになる。

鉄砲いく　「**早いもんいく**」と同様に使い込みのこと。【語源】鉄砲にはもともと「嘘つき」という意味がある。「あのガキに鉄砲いかれた」。

デビュー　文字どおり初登場。「ヤクザデビュー」とか頻繁に使われる。

テンパっている　緊張して待ちかまえている。【語源】麻雀の「テンパイ」から。別に，薬物でおかしくなっているときに使う場合もある。「朝のはよからテンパりやがって」。

テンプラ　身分証明書などをあたかも本物のように偽造したもの。【語源】衣をつけただけであるから。別に，経歴を偽っている詐欺犯のことをいう場合もある。

トウシロ　素人。見せかけは博打打ちやヤクザに見えるが「トウシロらしいぞ」と発覚すると，いじめられる。

道中（どうちゅう）する　一緒に犯罪生活を送る。「アイツとは，いっとき道中してましてん」。

トガる　突っ張る。「俺はトガって生きてきました」。

遠出（とおで）　盗みなどの犯罪のために遠方に出張すること。「遠出で仕事してきましてん」。

トッパ　暴れ者。

どまぐれ　どうしようもない者。「あんなどまぐれ相手にしとったらこっちの身が持たん」。

飛び込む　警察署へ自ら行って，自分の罪を自白する。ついでに他人も巻き込むこともある。「あいつ飛び込みやがった」。「**自爆**」するともいう。

飛ぶ　単に「飛ぶ」というと，行方をくらますこと。「あのガキ，飛びやがった」。これとは別に，刑務所などでは敵対相手に攻撃を仕掛けることをいう。「**反目（はんめ）**の奴がおるから，お前が飛べ」。また，薬物使用で錯乱している状態を「**トンでる**」ということもあるので要注意。この場合「近寄るな。あいつはシャブで飛んどる」という。このように，ひとつの言葉が何通りにも使われるので，その時どきに応じて，理解すること。

ドヤ　簡易宿泊所の集まっているところ。「ヤド」の逆語。

トラップ　わな。仕掛け。「トラップにかかり、あり金全部やられました」。

トンガル　カリカリと怒りを見せる。「まぁ落ち着け，そう**トンガル**な」。

トンコする　行方をくらます。【語源】頓（とん）とは，修行を経ずに速く悟りを開く仏教用語。「**トンズラ**する」ともいう。「えらい借金を抱えてもうた。**トンコ**するしかない」。「**トンコ**かまされた」。

ドン引き　強く尻込みをする。

ナアナア　息がぴったり合っている関係。「ナアナアの仲ですわ」。

ナリ　服装，身だしなみ。「ナリは一人前や」，とか「不良はナリからや」。別に,「西成」のことを「**ナリの立ちん坊**（売人）」のように言うこともあり，発音が違うので要注意。

なんぼのもの　どれほどの力があるのか疑問である。「なんぼのもんじゃ。いつでもやったるわい」。

逃げうつ　ことを起こすのが「**さぶく**」なり，回避しようとする。「あのガキ逃げうちやがった」。

煮（に）こごり　友達などが同じ布団で体を寄せ合い，寝ること。「あいつとは煮こごりで寝た仲や」。

ニコヨン　土方。昔は日給 240 円だったのでニコヨンと呼ばれている。手配師などに**ピンハネ**されている。

ぬかす（吐かす）　気にくわないことを言う。「何ぬかしとんじゃ、こら」。

ネジが飛ぶ　ぶち切れる。「ワシは我慢したがもうネジが飛んだ」

ネグる　育児放棄する。【語源】ネグレクトから。

猫かぶり　責任逃れしている人物。

ネトゲ　ネットゲーム。

眠（ね）むたい　すっきりしないことばかり言うこと。「眠むたいこと言うてると**いてまう**ぞ」。

ネンゴロ　男女関係ができる。「あの子とネンゴロになりましてん」。

能書（のうが）きたれる　えらそうに値打ちをつけるようなことを言う。「あんな奴，ただの能書きたれでんがな」。

ノドつまる　弁明や説明をしづらくなってしまうこと。「**ポリ**の**カマシ**にはノドつまりました」。

バカウマ　大変美味しい。「バカウマの店を見つけました」。

ハクつける　表面上の値打ちをつける。【語源】金銀などの箔（はく）をつけることから。

爆発する　「キレる」と同義語。

パコる　セックスの意味。「パコってるときに**ヒネ**が踏み込んできました。人権侵害です」。【語源】性交時の音から。

はした（端）金　わずかなお金。

パシリ　使いっ走りの雑用に使われる者。

バタ狂い　暴れまわる。

バタ屋　クズ拾い。

パチキ　頭突き。「あいつにパチキかましたら，ひっくりかえりましたわ」。

バチバチにいわす　徹底的に制裁を加える。

ハチ（鉢）割る　全部秘密を喋る。「**ダイスケを上げる**」とも言う。「もうこうなったら，ハチ割ってワシの潔白を証明しますわ」。

パツイチ　一発の逆語。

パッキン　金髪の女性。

バックレル　逃げる。「これはバックレルしかないな」。

バッチグー　最高。バッチリとグッドの混合語。「さすがに先生のバッ**チグー**の被告人質問でした」。

バトルする　争うこと。

ハナから　最初からの意味。「**ショナから**」とも。【語源】端（ハナ）から。「ハナから喧嘩ごしの調べですわ」。

鼻薬（はなぐすり）　賄賂。「ちょっと鼻薬かがせとけ」

パニクル　パニックに陥る。「もうパニクって暴れ気がついたら留置場でした」。

ハネ返る　反抗し，反逆してくる。「ハネ返り」と人物のことをいう場合もある。「あのハネ返りが余計なことしやがった」。

ハブり　生活状況。【語源】羽振りから。「ほんまにハブりが悪い。そやからこんな事件を起こしてしまいました」。

ハブる　仲間はずれにする。【語源】村八分から。「あいつをハブってやろう」。

ハマる　すっかりその魅力のとりこになってしまうこと。「シャブに（あるいは女性に）にハマって，事件を起こしました」。

ハメル（嵌める）　おとし入れる。「サツにハメられた」というように使われる。【語源】囲碁の「**ハメ手**」から。「**オトシ込ム**」「**ワナにかける**」とも言う。

早いもんいく　預かっていた金などを使い込む。横領のことである。「またあのガキ早いもんいきやがった」。

バラす　隠し事を明るみに出すこと。「お前のしてること全部バラすぞ」。別の脈絡で関東では「**殺す**」という意味で使われることがあるので要注意。

ハラボテ　妊娠している。「嫁はんがハラボテですねん。保釈で出してください」。

バリアー張る　あらかじめ防御策をたて，言い訳を準備しておくこと。

バリバリ　最高。素晴らしい。「顔も体もバリバリの女性です」。

半グレ　ヤクザでもなくカタギでもない不良グループ。【語源】かつての「**愚連隊**」から。

ハンメ（反目）　仲が悪く，対立していること。「**はんもく**」とは読まない。「あいつとオレとはこれですわ」と片目を手で隠したら「反目」の意味。

パンクする　資金がなくなる。生活費もない状態。「あきまへん。パンクしました」。

ハンパない　中途半端ではない。感嘆的に使われることが多い。「あの人が怒ったらハンパない」。

ヒモ　女性に寄生して生活する男。

ヒヨ（日和）る　どちらにもつかず，勝ちそうな方に味方するため，成り行きを窺っている。「また，ヒヨっとるわ，あいつはいつもあの調子や」。【語源】日和見（ひよりみ）から。

ひょうろくだま　大したことのない人物。

ビンゴ　まさに的中すること。「ワシの予感がビンゴでしたわ」。

ピンハネ　シノギの上前をはねる。「きついピンハネでやっとれんわい」。

プー太郎　シノギもせず，あてもなくぶらぶらしている者。

フカシ　嘘。大袈裟。「フカすんも大概にしとけよ」。

フケる　逃走する。「ちょっと目を離したらフケやがった」。年老いることは「ふける」ではない。

フタをする　発覚しそうな事実を隠蔽する。「別件にはフタしてありますから大丈夫です」。

ブッチかます　約束の場所に行かず，すっぽかすこと。「また，ブッチかい。たいがいにしとけよ」。

ふてこい　強情でふてぶてしい。「ガキのくせにふてこい」。

ブラさがる　世話になること。「刑務所を出たばっかりでしたので，ムショ仲間にブラさがっていたら，事件に巻き込まれました」。「**オンブにダッコ**」とも言う。

風呂屋の看板　口だけの人物。**【語源】**銭湯には，「ゆ」と書かれていることから。「ゆう（言う）だけの奴」「あんな奴は風呂屋の看板や」となる。

ヘイトスピーチ　差別的憎悪表現。**レイシスト（差別主義者）**といわれる者がする。これに対して，実力で反撃しようとする「**しばき隊**」といった人達もいる。

ヘコませる　相手を攻撃してやっつける。

べ（ぺ）シャリ　口数が多い者。しゃべりの変読語。「あんなべ（ぺ）シャリに言うたら，すぐ喋りまっせ」。

ベッチョナイ　心配ない。大丈夫。「大した事件ではないし，ベッチョナイですわ」。【語源】「別状ない」から。主に神戸の言葉。

へた（下手）うつ　大変な失敗をすること。本来は「**へた売る**」が正しいと思われる。「えらいこっちゃ。ヘタうってもうた。もう生きていけん」。【語源】何の値打ちもないこと（へた）をして失敗したという意味。

ヘタレ　根性のない者。「あんなヘタレとはいつでも勝負します」。

ペチャンコにする　徹底的に叩きのめすこと。「ペチャンコにしたったらポリに走られました」。

へつる　預かっている物の一部を抜いてちょろまかす。

ペテンが切れる　頭脳にすぐれている。「あの男はペテンが切れまっせ」。

ペテンにかける　騙すこと。

放送局　口が軽くなんでも喋る者。

ホゲタ　「**能書**きたれる」と同様の意味で使う。「ホゲタぬかすな」「ホゲタ叩くな」とも。

ボケる　ごまかす。とぼけること。別に，薬物でおかしくなっている者のことをいう場合もある。「あいつ完全にボケてますで」。

ほざく　人がものを言うのをあざけっていうこと。「つべこべほざくな」。

ホンチャン　本物のこと。「**コピー**ちがいまっせ。ホンチャンでっせ」。

盆（ボン）なか　仲の良いこと。親友。「**ポン友**」ともいう。「あの男とは昔からのボンなかですわ」。【語源】博打場（盆）での親しいつきあいからきた言葉。

ボンクラ　ぼんやりしていて見通しがきかない人物。【語源】さいころを伏せた盆の中が見えないという博打用語から。

マウントをとる　自分を優位にみせて主導権を握る。【語源】動物が優位性を示すために相手にまたがるマウンティングから。「ソッコーでマウントをとったりました」。

マッタリ　じっくり楽しむ。

マブダチ　本当に仲の良い友達。「昔からのマブダチやからワシのことはうたいまへん」。【語源】本物という意味の**マブ（真物）**と**トモダチ**から。

マメドロ　他人の妻や愛人を寝取ること。「アイツはマメドロですわ」。

マンガ　馬鹿げたこと。非現実的なことや人物。「それはマンガや」「マンガみたいな奴や」。人を虚仮（こけ）にすることをいう場合もある。「オレをマンガにする気か」。

ミジンコ　小さいこと。「いつまでもミジンコみたいなシノギしてられんわい」。

身バレ　身分がめくれる。

耳ちくわ　馬耳東風のように何も聞こえないフリをすること。【語源】右から左へちくわのように耳に穴があいていて筒抜けになることから。

ムクれる　ふてくされる。「なにムクれてんねん」。

ムサい　むさくるしい。「ムサいガキですわ」。

ムシが好かん　合(相)性があわない。「ムシの好かんガキや。いてまえ」。

毟（むし）る　相手にとりついて，金品などを奪い取る。「ケツの毛まで毟り取ったるわい」。

無茶振（ぶ）り　筋の通らないことを無理矢理してくること。「無茶振りをやってきたんはあっちです」。

目が高い　目が利く。見る目がある。「あの目が高い人の言うこっちゃから間違いないやろ」。

めくれる　隠していた犯行が発覚してくること。「踏んだヤマがめくれかけてますねん」「はやく**フタ**してくれ」。

メンチ切る　「**ガンつける**」と同じことを関西では「メンチ切る」ということが多い。「今，メンチ切ったな。なんか用か」。

メンツ　メンバー。「メンツをそろえる」。別に，**面子（メンツ）**は体面の意味。「メンツをつぶされた」

モグラ　スパイ。「あいつ**近麻（キンマ）**のモグラと違うんか」。

モグる　潜伏する。逃亡生活を送る。「しばらく地下にモグってます」。

持っていく　仲間の罪をかぶって懲役に行く。「その件はワシが**持っていき**ますわ」。

盛る（もる）　大げさに言ったり，説明したりする。「正直に喋ってるのに刑事が『盛るな』って怒鳴りつけてきます」。

ヤカラいう　無茶な言い分を一方的に言う。ヤカラほり込むともいう。無茶なことを言う人物のことを「あいつはヤカラや」というときもある。

役者（やくしゃ）する　芝居をする。「痛い痛い。助けてくれ」という者に「また役者しやがって」という。

ヤケド　痛い目にあう。「ヤケドするぞ」。

ヤサ　自宅のこと。「鞘」（さや）の逆語。「ヤサでゆっくりしてたら，**パク**られてしまいました」。単に「**巣**（す）」という者もいる。

ヤサグれる　いろんなことに悩み，気持ちがすさんでしまうこと。ヤサグレは，不良を総称する。

ヤバい　①物事がうまくいかないこと。これとは逆に，②あるものの魅力に強く惹かれることを言う場合もある。①「いよいよ身がヤバいです」。②「ここの店のケーキはヤバいわ」。

破れ（やぶれ）　むちゃくちゃな奴。破壊的な性格の者。「あんな破れとは縁を切りました」。

ヤマ返す　相手に対して攻撃的に言い返す。「きっちりヤマ返したりましたわ」。相手からは，「ヤマ返してきやがった」となる。

ヤマ悪い　機嫌が悪い。**【語源】**大相撲の力士用語の病（やまい）から。「そこまでされたらワシかてヤマ悪いがな」。

ヤマを踏む　事件(ヤマ)を起こすこと。「一緒にヤマ踏んだ仲ですわ」。

ややこしい奴　一見普通に見えるが，なんとなく威圧感がある者。カタギの人間に向かって使う。「触ったらあきまへんで。あの男はややこしい奴でっせ」「**触る**」。はちょっかいを出すこと。

やりっぱなし　いい加減な性格で，自分の行為のあとしまつをしないこと。「あんなやりっぱなしは信用できん」。神戸のある地方では，「**やたけた**」というらしい。

やり逃げ　うまい汁だけを吸って，あとは知らん顔をすること。風俗などでサービスを受け，金を支払わずに逃げることもいう。「また，あいつにやり逃げされた」。

ヤリマン　誰とでもセックスするだらしのない女性。

ヤリモク　セックスすることだけが目的な男性。

ヤマを当てる　大儲《もう》けをする。

ヨイショする　おだて上げる。「ヨイショしたらアホが歓んどるわい」。

ヨイヨイ　身体が不自由でみじめな姿の差別話。「あの人もとうとうヨイヨイになってしもた」。

ヨコいく　横領すること。「ヨッコいく」ともいう。【語源】横領の「横」から。交渉ごとの「**ヨコヨコ**」とは全く違う。

ヨシとする　これで終わる。許してやる。「もうヨシとしといたれ」。

ヨタ話　いい加減な情報。「そんなヨタ話に乗ったらヤケドするど」。

リーチがかかる　緊迫する。別に，指名手配されたことをいうことがある。【語源】麻雀の「リーチ」から。「さぶいですわ。リーチがかかってまんねん」。逆に，シノギなどで成功寸前の時に「リーチかけてます」とも言う。

レツ　「ツルむ」と同様の意味で「レツを組む」ともいう。「連（つ）れ」の逆語。

ワリ食う　損害を受けたり，利益をもらいそこねたりすること。「ワシだけワリ食い，パクられましたんや」。

ワルカン（悪勘）くう　物事を悪い方向へとばかり想像を逞しくしてしまうこと。むやみに他人を疑う。特に薬物中毒者にその傾向が強い者が多い。

2　交渉ごと関係の用語

アメねぶらせる　甘言を使ったり，小遣いを渡したりして味方に引き入れる。「ダンゴ食わせる」とも言う。

イチャもんつける　理由にもならない文句を言う。「ワシにイチャモンつけとるんかい」。

いっちょがみする　ものごとの計画に外から介入する。「ワシの悪い癖で，いっちょがみしてはパクられますねん」。

オアシ　主に関東でお金のことをいう。【語源】あたかも足が生えているかのように行ったり来たりすることから。「オアシまで頂戴しまして」。

追い込む　責任（とりわけ金銭上の）を厳しく追及すること。「きっちり追い込んだれ」。

カスリとる（落とす）　他人の違法行為による収益（シノギ）から一定の約束のもとに上前をはねる。「カスリ持ってこんかい」あるいは「カスリ落とせや」。「エンソ」ということがある。

金(カネ)を付(つ)ける　相手に「金を支払う」とは言わずに「金を付ける」という。関西では，金を「銭」（ゼニ）ということが多い。

金(カネ)を投(な)げる　「ゼニほる」ともいう。自分の取得した金からその一部を義理あるいは報酬の趣旨で第三者に支払うこと。「アイツにも少し投げとかなアカン」というように使う。

金にいそがしい　目先の金を欲しがること。あるいは，金に困っている状況のこと。「アイツはいつも金にいそがしい奴やで」。

ガメる　ひとりじめにする。

金主（キンシュ）　「ギンシュ」ともいう。資金を出してくれるスポンサー。

キンタマをにぎる　弱みを知る。弱点を突く。「あいつのキンタマはにぎってます」。「キンタマ」を縮み上げるともいう。「キンタマ縮み上げたるわい」。

空中戦　倒産処理などをめぐって，対抗勢力と主導権争いをすること。

クレーマー　あらゆることに因縁をつけ，ねちねちと攻撃し，最終的に金員を得ようとする者。悪質なクレーマーは恐喝罪。

ゲタあずける　交渉を全て任せる。「この件についてはゲタあずけるわ」。

ゲタをはく　値を高くする。大げさに言う。「あのガキ，またゲタはいとるわ」。

ゴチャモン　なにかにつけて文句を言ってくる者。粗暴者。神戸や播州地方でよく使われる。

五寸（ごっすん）　対立している相手と力が均衡していること。

ゴリカン　強談判。「あのガキが，またゴリカンぬかしとる」。

サシ　１対１のこと。「サシで勝負したるわい」。

サバく　トラブルの処理をする。「**サバキ**」は建設業者が地元の苦情などを処理すること。

シャミセンをひく　自作自演で,相手を戸惑わせるようなことをいう。「シャミセンひいたら，あいつは食いついてきとりますわ」。

セットする　準備，根回わしすること。「ワシがセットしますから，二人で話し合ってください」。

ゼニに汚い　強欲で支払いや配当をごまかしたりする。

ゼニにきれい　支払いが誠実。

ゼロ銭（戦）で行く　一銭も支払う気持や用意がないのに，交渉にのぞむこと。「あいつゼロ銭で来よったわ」【語源】旧日本海軍の零式艦上戦闘機から。

タコいく　共食いする。親しい友人から金を奪うこと。「あいつからタコいったりましたわ」。

玉（タマ）割り　金の配分，配当。「ちょっとキツイ（不公平な）玉割りですな」。

ダメ押す　交渉ごとや仕事などで，念には念を入れ，確認や説得をすること。「必ずダメ押ししとけよ」。【語源】囲碁のどちらの所有ともならない「駄目」（ダメ）から。

チギる　まけてやる。「利息だけは**チギ**ったるわ」。

チャラ　嘘。いい加減なこと。「チャラばっかりぬかすな」。

チャラにする　何も支払わないでよいことにする。揉め事を白紙にする。「わかった。**トロ**（賭博などによる違法な債務）は**チャラ**にしとったる」。「**チャラ**（嘘）」とは別の用語。

ツバつける　自分の利得のためにもうけ話と思われる件に関してあらかじめ手を打っておくこと。別に，女性に対して「あの女にはツバつけてあります」。「**コナかける**」ともいう。

爪（つめ）を伸ばす　欲が深くて，他人の利益あるいは利得の計画に介入すること。そのような人物のことを「**爪の長い奴**」という。「人間はええんやけど，とにかく**爪の長い奴や**」。

ツンデレ　**ツン**とした態度と**デレ**っとした態度を使い分ける。「ツンデレでいったる。こっちの心を読まれたらあかんからな」。

デキレース　さも互いに敵対しているように装い，すでに解決済みの紛争やもめごとを難しく偽装して双方が行動する。あるいは，既に結果は決まっていることを，わざと混迷しているようにみせる。【語源】競争レースの八百長から。「デキレースをワシが**仕込み**ましたんや」。

トントンうつ　相手と馴れ合って，あらかじめ話を合わせておくこと。【語源】「金釘をうつ」からきている。一般用語で，収支がほぼ釣り合っていることを意味する「**トントン**」や，物事が順調にいっている「**トントン拍子**」とは全く意味が違うので要注意。「警察への出頭前に一応トントン打ってますけど……。」などと口裏合わせの意味に使うこともある。

ないとこ　帳消しにすること。「ないこと」をわざと逆語にしていう。争いを収めるときにもいう。「もう，ないとこにしときましょ」。

ナシ　話（は**なし**）の省略語。「ええか。ナシを合わしとけよ」。「ナシつける」は相手を納得させること。「**ナシ打つ**」とも言う。

値打ちつける　実際以上に価値があるようにふるまう。または情報等を出し惜しみする。「値打ちばっかりつけくさって」。

寝込みを襲う　金の取り立てのため，夜中に自宅まで押しかける。別に，喧嘩の襲撃もある。「今日は家に帰っとる。寝込みを襲うたれ」。

ネタバレ　策略や絵をかいたことがすべて露見している。

乗り合い　**シノギ**を共同で行う。「**合い乗り**」ということもある。「乗り合いでいきましょか」。

バッティングする　依頼されている**シノギ**などが互いに競合する。「またあいつとバッティングした。今度は一歩も引けん」。

ババかける　恩義を裏切る。「あいつにババかけられました」。

ババ引く　貧乏クジを引いて損害を受けること。「結局ワシがババ引きましたがな」。

ババをつかませる　価値のないものを売りつける。【語源】トランプのジョーカーのババから。「ババつかまされてしもた」。

ピンハネ　相手が手に入れるはずの金銭の一部を勝手に自分のものにする。「お前，ピンハネしてるんちゃうやろな」。【語源】サイコロの目「一」をピンということから上前をはねる意味。

ブルう　怖がって震える。「相手がブルうくらいの**カマシ**を入れんかい」。

ペナルティ　責任を明らかにし，金銭で終結する。「**ペナ**」とも略される。「これはペナルティを払うてもらわなあかん」。

前に立つ（出る）　交渉ごとや紛争を自分の「**器量**」（個人の実力）でまとめようとする。「よっしゃワシが前に立ったる」。

見え見え　嘘が単純すぎる。「そんな見え見えのこと言うとったらえらい目に遭うぞ」。

目腐（くされ）金　借りたくもない相手からわずかな金を借りること。

目をつぶる　黙って見逃してやること。「今回だけは目つぶったる。次はないぞ」。

安目（やすめ）売る　交渉に失敗して，安価になってしまったこと。「わるかった。安目売ってしもたわ」。

ヨーイドン　早い者勝ち。「ヨーイドンでいこう」。

横車を押す　無茶な要求をしたり，人の仕事の邪魔をする。

横っ腹（ぱら）をいく　相手の稼ぎを奪いとる。

横になる　約束ごとや交渉を中断・破棄するがごとく開き直る。「こうなったらワシも横になりまっせ」。さらに，「**ケツまくる**」となるともっと強固である。

ヨコヨコ　支入れてきた商品をそのままの値段で知人に売ってやること。「水くさいこといいなはんな。ヨコヨコでよろしいわ」。【語源】横から横へと利益なしで転売することから。

レールを敷く　物事の準備や筋道をつける。「前もってレールを敷いとけよ」「わかりました」。

ロハ　「只」（ただ）の漢字の分解語。「仕方がない。ロハにしておきましょう」。

渡りをつける　話をつける。

ワビ入れ　謝罪。「ワビ入れになんぼか包まんかい」。

3　脅し文句関係の用語

生駒（いこま）　人を埋めるなら大阪では生駒山，神戸では六甲山。「生駒のヤマに埋めるぞ」と脅す。

いてまう　**いわす**と同じ意味。「いてこましたるわ」。

いわす　暴力的に制圧して「やっつける」という趣旨全般に広く使われる。「いわしてまうぞ」と言って脅す。生命までも奪うまでには至らない。

落とし前をつける　①**ケジメ**とると同じ意味。「コラ，この落とし前つけんかい」。②自分の失敗の責任をとる。「ワシも男です。自分で落とし前つけます」。

檻（オリ）　監禁する場所。「あのガキ，檻に入れて性根を叩き直せ」。

オンドレ　相手を呼ぶときに脅しつけていう。【語源】大阪河内地方のコトバから。「**オンドリャー**なめるなよ」「**ワリャー**」「**クソガキ**」「**ハナクソ**」などと罵倒する。

風穴あける　拳銃で撃つこと。「ええ加減にしとかんと体に風穴あけたるぞ」。

ガタガタにする　足腰が立たないようにすると脅す。

かます　強い脅迫行為をする趣旨。「ええかげんにせんと，かましあげるで」。

ガラさらう　相手の身体（身柄・みがら）を暴力的に確保すること。「**ヤキ**入れるからガラさろうてこい」。

ケジメとる　厳しく責任を認めさせて決着をつけること。「今度ばかりは許せん。あいつからケジメとってこい」。

コンクリートを抱かす　コンクリート詰めにして海に沈める。「コンクリート抱きたいんかい」。

先見て物言え　「誰に喧嘩を売っているか自覚しろ」との警告。

沈める　敵対者を海に「沈める」との脅しに使う。「重しつけて**南港**に沈めてまうぞ」。別に，女性を売り飛ばす意味で脅迫に使われる場合があるので注意。「どこかの**フロ屋**（ソープ）に沈めるで」。

四の五のぬかす　言い訳を繰り返す。「四の五の**ぬかし**とったらいてまうぞ」。

シメル　ヤキをいれたり，制裁を加える。

スマキ　むしろで身体を巻いてしばり，海に投げ捨てること。ほとんど口だけで終わる脅し文句。「スマキにして沈めたれ」。

座らせる　女性に対する脅し文句。大阪，**飛田新地**（とびたしんち）などの遊郭で働かせること。顔見せで店の玄関に座るので，「借金払わな飛田で座らせるぞ」。

タケのパッチ　身動きができない辛い苦しい状態。「あのガキ，タケのパッチはかしてやる」は脅し文句。警察官も使う。

タダではおかん　このままではすまさないとの恫喝。「タダですむと思うな」などと使われる。

タコ部屋　土木現場などの飯場のこと。「あのガキ，タコ部屋へ入れとけ」。

月夜　「闇（やみ）打ちするぞ」という脅しとして「月夜ばかりやないぞ」と言う。

爪はぐ　生爪を１本１本はがすという脅し。「ペンチ持ってこい。こいつの爪をはいでまえ」。

ドスをきかせる　「**ドス**」は短刀，匕首（あいくち）のことだ。「ドスをきかせた声」はすごみのある声のこと。

ドンゴロス　人を**ラチ**するときに布袋をかぶせることから。「ドンゴロスでいくで」と脅す。「**スマキ**」と同旨。

南港（なんこう）　人を沈めるなら大阪では南港の海。「南港に沈めるぞ」。

バラバラにする　脅し文句。「**バラバラ**にして魚のエサか鳥のエサにしてまうぞ」。

ホコリの出る体　事件を踏んでいること。「叩いたらホコリが出る体やろ。なんぼでもやり方があるぞ」と脅迫する。

ボコる　殴り飛ばす。「ええ加減にしとかなボコるぞ」。

マグロ漁船　遠洋漁業の過酷な仕事のこと。「**オンドレ**，マグロ漁船に乗せるぞ」と言って脅し文句に使う。

ミイラにする　包帯でぐるぐる巻きになるくらい殴る。「ミイラになりたいんかい」。

ヤキ入れる　暴力的な制裁を加えること一般。警察の取調べの際に捜査官から被疑者に対して加えられることも多い。特に暴力団関係事件担当の刑事らは，「ヤキ入れられて弁護士に泣きつくような奴は，ほんまもんのヤクザと違う」と，ヤクザを脅したり殴ったりしていた。

刑事弁護人としては，あらゆる技術を駆使して抗議申入れ等をして闘う。「被疑者取調べの適正化のための監督に関する規則」（1992〔平成21〕年4月施行）も武器にする。

ラチる　相手を拉致してしまうこと（刑法220条・逮捕監禁）。「あのガキ，ラチってまえ」。

4　金融関係の用語

カード換金　クレジットカードが使用できる店舗と契約し，風俗店などにカードを貸す。デリヘル嬢などはカード会社と契約できないので，「鞄を買った」とか偽装してカードを使用する。そしてその日に現金が必要な場合は，このカード使用請求書を割引で引き取ってもらう。

カード金融　①クレジットカードを使用して買い物をさせ，その物品を安く買い取る。②カード会社と契約した自前の店を持ち，その店で買い物をしたと偽装し，例えば10万円の請求金額なら半額の5万円程度を現金で渡す。

カード作成屋　オーストラリアなど比較的クレジットカードの審査があまい国を狙って，日本人が当地の会社で働いていると偽装する。簡単にクレジットカードが入手できる。限度額も高い。仲介屋がいて謝礼を渡す。

カザリバン　会社の角印。「カザリバン偽造して仕事にかけろ」。

カミ　手形一般を紙（かみ）と呼ぶ。

カラス　高利のこと。カラスが「カー」と鳴いて1割の利息。つまり，1日1割。「うちはカラスでっせ」。

休眠会社　営業活動していない会社の登記を買い，事件を打つ。詐欺等に使う。「**当座屋**」は休眠会社を斡旋する者。

キリトリ　債権回収の仕事。主として関東で使われている用語。「キリトリがワシの**シノギ**です」。概ね報酬は折半で，これを「**キリ半**」という。

こんにゃく　100万円の帯付きの現金。「こんにゃく2本持ってこい」。

サルベージ　事件性の強い手形を回収すること。暴力団の資金源になっていたが，暴対法施行（1992年）から激減している。

地上げ　個別的な土地家屋を個々に退去させ，区画を大きくして土地の価格を上げる。かつてのバブル期に巨額の金が動いた。

事件師（屋）　詐欺や会社乗っ取りなど経済事件を企てる知能犯罪者。「余計な法律ができて，ワシらの商売あがったりですわ」と嘆く者がいる。

仕手　人為的に作った相場で短期的に大きな利益を得ることを目的に株価を操作すること（金融商品取引法違反）。活躍するのが**相場師**。**仕手師**ともいう。

週イチ　１週間に１割の利息。週２とか週３もある。１週間に２割，３割。小額しか貸さない。

集金（しゅうきん）　債権回収すること。人から依頼されて回収すると報酬として半分とる。関東では「**キリトリ**」という。

紹介屋　サラ金業者を紹介するという広告を出して，借りるノウハウや業者を教える。そして多額の紹介料を取る。適当に紹介しているのに，「コネがある」などと嘘をつき，何店も借りに回らせる。

整理屋　**ヤミ金**の債務などを交渉によって清算してやることを**シノギ**とする者（弁護士法違反）。過去，整理屋には暴力団の看板が必要だった。

総会屋　株主総会で発言して存在感を示し，金品の利益を要求する者。1981年からの一連の会社法改正による取締りでほぼ消滅したが，業界紙などを販売したりして，存続している者もいる。今日，総会屋で生き残るのは，理論家でなければならず，そのためには勉強しなければならない。著名な「総会屋」は弁護士より法律に明るい。

葬式を出す　倒産整理専門の**事件屋**が会社を食い潰して倒産させる。「そろそろ葬式を出そか。社長の柄（ガラ）は押さえとけよ」。

損切り　損失を抱えている状態で投資家が保有している株式を売却して損失を確定させること。さらに大きな損失になることを防ぐ。

地下銀行　外国人が母国に送金するための仲介をする闇銀行。例えば1千万円送金することを依頼すると仲介者に1千万円と謝礼を支払う。仲介者は，依頼者の母国に連絡して，依頼者が指定した受取人に1千万円を渡す。迅速に実行されるので利用者が多い（外為法違反）。

つけ馬　博打での貸金を取り立てるため監視し，**ラチ**同然にあちこちをつけ回して貸金を回収する。これが普通の金融でも使用され，「つけ馬で回収してこい」。

トイチ　10日に1割の利息。

パクリ手形　盗んだり，騙し取った手形。事件師のシノギ。

パクリ屋　巧妙に手形を預かり，勝手に割り引きして金を得て姿をくらます。「先生，手形のパクリ屋なんて人聞きの悪いこと言わんとって下さい。知能犯と呼んで下さい」。

日掛け　借金を日割りで払うやり方。違法営業が圧倒的に多い。

ブラックリスト　金融系と信販系に返済不能者としての情報が載っていること。これを「消してやる」と騙してシノギにしている者がいる。

ポンテ（手形）　支払う意思のない手形。融通手形。「ポンテ１枚都合してくれまへんか」。

マチ（街）金　小規模な高利の金融業者。無届業者が多い（貸金業法違反）。

闇（ヤミ）金　無許可の高利貸し(貸金業法違反・出資法違反)。「**０９０金融**」「**携帯金融**」とも呼ばれている。

ヤミ金荒し　ヤミ金が違法行為なので，それを逆手に取り，ヤミ金から借金をして「ワシはヤミ金荒しでメシ食うてまんねん」と全く返済せず，請求されると「警察に**チンコロ**しまっせ」と脅す者。

利確（りかく）　投資した株を適当なところで売って，利益を確保すること。

レンガ　１千万円の札たばのこと。固く帯封で包まれていることから。「**ブロック**」ともいう。

5 携帯電話関係の用語

イタ電　イタズラ電話。

鬼電（オニデン）　連続的に携帯電話に架電してくること。「あの女からの鬼電に，わしはもう我慢の限界です」。

オマケ　**トバシ**の携帯電話で電報を打ち，高額な花や人形を手に入れる。現在は携帯電話会社の防御により，３万円程度に制限されている。「携帯の**トバシ**のオマケが少なくなって**シノギ**になりまへん」。

解除　窃盗してきた携帯電話のロックを解除すること。専門家がいる。その種のパソコンも解除して解除料金をもらう。「解除してくれる人紹介して下さい」。

共同　**トバシのケータイ**の名義が一緒になっているとき，「ワシとあんたは共同ですわ。」「あんまり使いすぎてパンクさせられんようにして下さいや」。

残高（ざんだか）　**プリケ**（プリペイドカード）の使用残高のこと。「残高おまへんからかけ直してください」。

ＧＰＳ　**グローバル・ポジショニング・システム**（Global Positioning System）。人工衛星を利用して，携帯電話の位置を割り出すシステム。電源を切るだけではＧＰＳが機能しているので，チップを外さなければ，居場所を特定される。「よろしいか。これだけは必ず守りなはれや。寝るときは電源を切り，チップを抜きなはれ」。

証類（しょるい）　携帯電話を契約する証明書。このような書類を偽造する業者もある。「証類揃いまへんか」。

チップ　携帯電話のＳＩＭカード。「チップだけ売ってくれまへんか」。

道具屋　不正に携帯電話を売る業者。

トバシのケータイ　第三者名義で契約をした携帯電話を入手して，通話料金を支払わずに通話できる限度まで使用する（携帯電話不正利用防止法違反）。「西成の**アンコ**をつかまえて携帯の契約をさせろ」。こうして**トバシ**を得て転売する。

パンク　**トバシ**の携帯電話なので，使用しすぎすると携帯電話会社が使用の異常さに気付き，使用を中断する。2008（平成20）年ころまでは無防備だったが，最近は警戒を強くしている。

双子（ふたご）　他人の携帯電話と同じ番号の携帯電話を製造する。相当な技術がいる。使用料金は，真の所有者に請求される。

プリケ　プリペイドカード式の携帯電話。犯罪行為に多用されている。「プリケおまへんか」。闇で２万円程で売買されている。

保証　**トバシ**のケータイの使用可能期間を保証したうえで売買する。保証「付き」と「なし」があり，金額が異なる。「付き」の場合，通常約１カ月間。「保証付きの**トバシ**おまへんか」。

本線　何本も持っている携帯電話のうち主として継続して使用するもの。「本線の方に電話してください」。

本体　携帯電話機器そのものをいう。**タンマツ**ともいう。

名義貸し　携帯電話の名義を貸す。もちろん違法。

リース　携帯電話のリース。リースの携帯電話は先に使用料金を納めたり，保証金を入れたり制約が多い。

ワン切り　携帯電話の料金を節約するため，あるいは「**プリケ**」の携帯で残高がないので相手にワンコールして切り，相手からの返電を待つ。「ワン切りしますので，電話下さい」とあらかじめ頼んでおく。

6　犯罪の種類関係の用語

アカイヌ　放火犯人（刑法108条）のこと。**アカウマ**とも呼ぶ。火事の時に火が動物に見えるから。

アカウマ　放火。「**赤犬**」（アカイヌ）ということもある。【語源】炎が燃えさかっているのが馬や犬にみえることから。

当たり屋　故意に車に接触して，人身事故として通院し，示談金や慰謝料をせしめる。**コシャ**の「当たり屋」は，その場で数万円程度を受け取り，「警察に言うのは辛抱したる」。

板場荒らし　銭湯で盗みをすること。「今は大きなヤマ踏んどるけど，元々あいつは板場荒らしや」。

居直り　居直り強盗（刑法236条）。住居侵入窃盗犯が被害者に発見されて強盗になる。

色物　性に関する犯罪一般。単に「**ピンク**」ということもある。不同意わいせつ罪（刑法176条）や公然わいせつ罪（刑法174条）など（「強制性交」の項を参照）。

うかんむり　窃盗（刑法235条）のこと。

受け子　振り込め詐欺などで，金を受け取る受取役。→架け子、出し子。

売り付け詐欺　物品の販売を口実として，金品をとる特殊詐欺。

ウサギ　脱走犯。

オシコミ　侵入強盗。

オビ屋　エロＤＶＤ・違法アダルトなどを密売する者（刑法175条1項違反）。

オヤジ狩り　中高年の男性を襲撃し，暴行を加えたり金員を盗ったりする。少年がおもしろ半分ですることが多い。

オレオレ詐欺　あらゆる**特殊詐欺**の原点である。「**OS**」(オーエス)といったりする。電話をかけて身内であると思わせ，金を騙し取る詐欺。家族への電話では,「電話番号が変わった」「風邪で声の調子が悪い」などといってごまかす。

架空請求詐欺　架空の事実を口実とした料金を請求する特殊詐欺。

架け子　振り込め詐欺などの特殊詐欺で，電話をかけて詐欺文言をいう架電役。→受け子、出し子。

かご抜け　商品等を買うふりをして，「**トンズラ**」すること。取込み詐欺。

カツあげ　「**タカリ**」「**ゆすり**」のこと。恐喝（刑法249条）である。

ガッチャン　インプリンター。カードによる購入に際し，カード番号等を刷る機械。

カッパライ　なんでんもかんでも目につく物を盗んで逃げる。

カツミ　恐喝未遂（刑法249条，250条）。刑事は,「カツミするガキは必ず既遂もあるんや。今のうちに自供せい」と迫る。

カバン屋　違法ＤＶＤなどをカバンに入れて売りに来る商売人。

カモ　犯罪の標的にする相手。

還付金詐欺　市役所などの職員を名乗り,「還付金があるので，ＡＴＭで受け取ってください」などといってＡＴＭを操作させて金を奪う特殊詐欺。

偽装結婚　外国人が日本人との結婚を偽装し，在留資格を得る。仲介者がいる。

偽造屋　パスポート，健康保険証，運転免許証，外国人登録証等の偽造をする者。偽造ではないが，戸籍の売買を仲介する者もいる。「新しい戸籍を買うて人生いちから出直します」。他にも「僧籍」の売買で「僧籍」を得ると名前の変更が認められる。

木戸を突く　映画館や劇場に入場料を支払わず入る。「**アオタン**」を切るともいう。

強制性交　強姦罪（刑法177条）が改正され「強制性交罪」と名称が変わっていた。さらに，2023（令和5）年6月16日改正（7月13日施行）によって，「**不同意性交等罪**」となった。「**不同意わいせつ罪**」とあわせて，大きく要件が緩和され，刑罰の範囲が拡大している。時効期間も延長されている。

金融商品等取引詐欺　電話で投資話をもちかけて現金を送らせる特殊詐欺。

客殺し商法　商品先物取引に関して必ずもうかるといって委託金を出させる詐欺。

ギャング　犯罪などを行う無秩序な集団。強奪行為そのものを指して「ギャングする」「ギャングいかれた」ということもある。あるグループの犯罪収益を狙って他の犯罪グループがギャングにくることがある。

ギョーカ（業過）　かつては自動車の交通事故による死傷事件には，「業務上過失致死傷罪（刑法211条）が適用されていた。非常に数は多かったので，「ギョーカ」はよく使われた実務用語であった。平成25年11月27日，「自動車の運転により人を死傷させる行為等の処罰に関する法律」が制定され，飲酒、無免許などの悪質事犯を含め，自動車運転上の犯罪は全てこの法律によることになった、「ギョーカ」はもう使われていない。

グニ屋　質屋。グニとは「**5**」と「**2**」のこと。【語源】足すと「**7**」（ヒチ）になることから。窃盗犯が主に使用する。

クレプトマニア　窃盗症。病的窃盗。ものを盗みたいという衝動を抑えることができず，万引きなどを繰り返してしまう。いたずらに刑事罰を加えるのではなく，適切な治療と環境整備が必要である。

系図（けいず）買い　もっぱら盗品を買うヤミ商人（盗品有償譲受）。【語源】ニセモノの家系図を買うことから。

原野商法　ほとんど価値のない不動産を高く売りつける詐欺。さらに原野商法によって二束三文の土地を買った人に「その土地を買いたい人がいます」と騙し，測量代を取る詐欺もある。

攻略法詐欺　パチンコや競馬，ギャンブルなどの「必勝法」として，ほとんど価値のない情報を売りつける。

コーチ屋　競馬場などで親切に近寄ってきて指南する者。的中すれば脅かして金を取る。「あっ！　どこかで会いましたな」と近寄ってきて，「実は秘密の情報ありますんねん」と指南するコーチ詐欺である。

ゴウのつく件　強盗や強姦などの重い事件一般のこと。「ええか。**ゴウのつく**事件だけはするな。刑が高い」。

戸籍売買　以前は，日雇労働者やホームレスの戸籍の購入が主流であったが，現在はネット上での売買が多い。

こばい（故買）屋　盗んできた物品を買い取る業者。

コロシ　殺人（刑法199条）。

殺し屋　文字通り殺人を請け負う者のことだが，日本では実際プロとして継続的に殺人を生業としている者はいないのではないか。むしろ，「殺し屋に頼んで始末させるぞ」と脅迫に使う方が一般的である。特に外国人の存在をにおわすことでリアルになる。

ゴンベン　言べんのつく犯罪。詐欺（刑法246条以下）。「あんた，何しましてん。ワシァ，ゴンベンですわ。人間，生きてるうちに頭を使わなあきまへんで」と刑務所で自慢する者もいる。

サツミ　殺人未遂事件のこと。「殺す意思おまへん」というと，「ワシらのサジ加減でサツミから傷害に落としたることできる。そのためにはワシらに協力して，おとなしくしとけよ」と捜査員が取引をもちかけてくる。

サムターン回し　家屋やマンションの扉に穴をあけ，内側の鍵を回す。

３分勝負　店に侵入し，３分間のうちに盗む犯罪を称す。警備会社から警察署に通報が入り，警察官が現場に到着するまでを約５分と計算して，３分間で仕事をする。「３分勝負の仕事でっせ。頼んまっせ」。

さんずい　汚職事件(刑法197条以下)のこと。「あいつ**サンズイ**でっせ。直ぐ保釈で出ますわ」。

下見（したみ）　窃盗，出店荒しなどの実行に際し，前もって調べておくこと。グーグルで調査するハイテク窃盗団もいて，進化してきている。「えらい時代になったなぁ。そやけどそんな機械に頼っとったらあかん。やっぱりきちっと下見をして，逃げ道まで確かめるんが盗っ人の掟や」。

児童ポルノ　18歳に満たない児童の写真などをつくる（児童買春，児童ポルノに係る行為等の規制及び処罰並びに児童の保護等に関する法律違反）。

地面師　権利証を偽造し，他人の住民票を勝手に移転して，印鑑証明を得て，不動産を売り飛ばす詐欺師。

シロアリ駆除　家屋にシロアリが発生していると欺し，高額の駆除費を取る詐欺。

姑（しゅうとめ）　盗人用語で「犬」のこと。【語源】吠える声がうるさいから。「あの家に空き巣に入るが姑に気をつけろよ」「姑がおりまんのか」「庭に黒い大きな姑がおるんや」。そして，「先生，姑に吠えられて**パク**られました」。

出店あらし　店舗に侵入して金品を盗む犯罪。手口として，①シャッターを破壊する。②車で扉やシャッターに突撃する。③小窓から侵入する等。複数でする犯罪なので，警察は，「何々グループ」と呼ぶ。

スキミング　他人のカードの情報を「**スキマー**」といわれる機器に通して盗み，カードの磁気に入力する。そのカードを「**板**」と呼ぶ。

煤（すす）逃げ　放火犯。

ストーカー　特定の者につきまとい等を反復して行う（ストーカー行為の規制等に関する法律で処罰される）。

スーパーコピー　「**コピー商品**」の優れもの。「そこらへんにあるコピーと違うよ。ソックリソックリ。どこにもないよ」と恩着せがましく，あたかも売ってあげるといった感じで出してくる最高品。

スリ（掏摸）　昔から「**巾着切り**」といわれる古い犯罪。**パンサ**。**モサ**。

抱きつき犯　酔っ払いなど人事不省に陥っている者を介抱するふりをして財布などを盗む。

出し子　振り込め詐欺などで詐取金が入金された口座からＡＴＭで金を出金しに行く役割のもの。→架け子、受け子。

タタキ　強盗（刑法236条）のこと。「**引ったくり**がなんで強盗になりまんねん」「やかましい。怪我しはったんや。お前のしたことは完全なタタキじゃ」と捜査官が被疑者を締め上げる。事後強盗（刑法238条）に注意。

ダフ屋　入場券などを安く買い入れて高く売る商売。「フダ」の逆語。以前は会場前で客引きをして販売していたが，現在はネットで販売している者が急増。「ええ席おまっせ。安うしときまっせ」と小声で声をかけてくる。

タヌキ　カードを通す「**キャット**」（適正カードかどうか調べる機器）のこと。「タヌキのない店おまへんか」。

太夫（たゆう）　本格的な盗っ人の実行者。「次の仕事の太夫さがしとるんや」。

探偵　盗みに入る店や家を探す役目の者。「ええ探偵おるから仕事には不自由せえへん」。

チカン　乗り物の中で女性の身体に触れる犯罪（迷惑防止条例違反や不同意わいせつ罪)。【語源】痴漢はもとは，バカ者の意味。

チーピン（７筒）　窃盗のこと。【語源】麻雀のパイから。「チーピンいかれた」。別に，その形からピストルのことをいうことがあるので，要注意。

通帳３点セット　銀行やゆうちょの「通帳」と「印鑑」「カード」の３点を密売している。３点セットで２万円から３万円。薬物取引で利用されることが多い。

ツッコミ　強姦事件（「強制性交」の項を参照）。「自分の嫁はんや娘がツッコマれてみぃ。殺したろと思うやろ。そうした怒りを抱いてワシは粛々と調べとる」と刑事は感情を抑制して言う。

つつもたせ（美人局）　男性に女性を紹介したうえで，男性を恐喝する犯罪の手口。

DV　配偶者等からの家族内暴力（DV 防止法で取締り）。ドメスティックバイオレンス。被害者は「**シェルター**」（避難所）に収容してくれる。

デート商法　異性関係を利用して巧妙に誘惑し，高額商品を購入させる詐欺商法。デート商法で引っかけたつもりが逆に貢がされた女性もいる。

手配師　大阪・西成区愛隣地域などで，土木作業員の派遣をする者。**アンコ**らに声をかけ，人数を集める（職安法などに違反する場合がある）。

出歯亀（でばがめ）　のぞき見行為を趣味とする変態者の意味（軽犯罪法１条の 23 違反）。【語源】明治時代の強盗殺人事件の犯人である出歯の亀吉が女湯ののぞき行為を行っていたことから。英語では，「ピーピングトム」という。

電気巻く　電金使用量のメーターを改ざんして，電気料金を安くする犯罪。一般家庭用なら１万円から５万円までで巻いてくれる。「電気巻いてくれる奴，紹介してください」。

特殊詐欺　「振り込め詐欺」をはじめとして，不特定多数に電話を架けて現金を要求する詐欺行為の通称。組織犯罪として行われることが多い。

ドロボー市　盗品物を販売しているらしき露店が並んでいる所。大阪・西成区にあったが，現在退去させられている。「ドロボー市でＤＶＤを買うてきましてん」。

ニセ ED 販売　純正の勃起不全治療薬（シリアスやバイアグラ）より有効成分（「シルデナフィル」「タダラフィル」）の少ない模造のものを販売する（薬機法違反）。

ニセブランド販売　高級ブランドのカバンなどのコピーを販売（商標法違反）。

ニンベン　文書偽造に関連する犯罪。

ネット詐欺　物品の販売などを宣伝し，ネットマネー等で金を受け取りながら物品を送らない。

のび師　忍び込みが上手な盗っ人。空き巣のこと。

ハイダシ　「**ゆすり，たかり**」のこと。関東地方で使用される。「奴はハイダシ専門や」。

配当　窃盗犯は分け前を「配当」と呼ぶことが多い。

爆せつ（窃）団　壁に穴をあけて店舗に侵入して貴金属を奪う窃盗集団。車の車体を持ち上げるジャッキーを使い，壁を壊す。

パチもん　**コピー商品**（模倣品）のこと（商標法違反）。大阪の鶴橋でよく売られているので，ヴィトンやエルメスの模造品を「**ツルトン**」「**ツルメス**」ともいう。「客が歓んどるのになんでパチもんを売ったらパクられまんねん」。
バッタもんの意味で「**パチもん**」と人物を指すこともあ

る。

バッタもん　「バッタ屋」の商品のこと一般。ひいては，人格の卑しい者を指すことがある。「あのガキ，えらそうにしとるけどバッタもんでっせ」。**パチもん**に同じ。

バッタ屋　不良商品や倒産会社の商品・質流れ品など，場合によってはいかがわしい品物を大量に買い込んで安く売る商売。「**現金問屋**」ともいわれる。盗品としての未必的認識があれば犯罪（刑法 256 条）となる。

パンサ　**スリ**。「夫婦でパンサやってます。嫁も一流のパンサです」。

ピッキング　家屋やマンションの部屋の鍵穴から何本もの細い棒状の金具を差し込み鍵を開ける。ピッキング防止法（特殊開錠用具の所持の禁止等に関する法律）で処罰される。

部位(ぶい)ころがし　診療報酬の不正請求の詐欺。「よっしゃ。腰の次は膝いこか」。保険証を提供する者もリベートを受け取る。

部品売り　車や携帯電話の部品をバラしてネットで売る。

婦女暴行　(マスコミ用語)。「強姦」という言葉が刺激的と考えられたから「レイプ」一般の性犯罪をかつて「婦女暴行」と婉曲的表現で呼んでいた。現在 ,「不同意性交等罪」(刑法 177 条)となり ,処罰範囲の拡大、重罰化が著しい。「婦女暴行」という微温的な用語は死語となったか。

保護（ほご）　生活保護の不正受給をすること。**福祉、生保（なまぽ）**ともいう。

募集詐欺　たとえば,「**打ち子**」（パチンコのサクラとしてパチンコ店と契約して,儲けの一定額を渡すもの）募集といったメールで会員を募り，金員を騙し取る詐欺。

ホッカムリ　窃盗犯。「ホッカムリがえらそうな顔すんな」。

ボッタクリバー　繁華街で客引き行為をし，スナックや飲み屋に誘い込み，法外な料金を請求する。支払いを拒否すると怖い男が出てくる。「お客さん困りますね。飲んだ分はきちっと支払ってもらわなければ」と迫る。警察官が来ると「民事不介入ですやろ」と屁理屈をこねる。そこで暴力をふるうのは「**暴力バー**」。

幕を張る　主犯の犯行を隠すための「スリ」の共犯者の幇助行為。

枕営業　女性が身体を張ってセールスすること。「この不景気，枕営業するしかやっていけまへん」。

枕さがし　売春婦が客の金品を盗むこと。客も後ろめたいので，被害届を出しにくい。それを見越して犯行に及ぶ。

マメ　不同意性交等事件（刑法 177 条）。別に，拳銃の弾丸（実包）のことをいうことがあるので要注意。

まわし　輪姦のこと。女性を何人かで「まわす」という。性犯罪については，近年大幅に改正され，処罰が厳しくなっている。

無尽（むじん）　頼母子講。「無尽に一口入りまへんか」。

名簿屋　各種の名簿（データ）を入手してきて売る商売。

目出し帽　目の部分だけ出るようになっているニットの帽子。防犯カメラの増設により，窃盗犯の必需品となった。

モサ　**スリ**のことをいう。**パンサ**ともいう。別に，器量が強いことを「モサ」ということがあるので注意。

闇（やみ）バイト　高額な報酬を受け取るかわりに，犯罪行為を代行することを勧誘役が「アルバイト」と称したもの。

融資保証金詐欺　実際には融資しないにも関わらず，融資するといって，保証金などを請求する特殊詐欺。

ヨコ　横領犯（刑法 252 条）。

ラジオ　無銭飲食を称する。【語源】無線と無銭をかけている。

リーダー　特殊詐欺で**受け子**や**出し子**に，指示する役目の者。「俺がリーダーや」。

リフォーム屋　高齢者の一人暮らしを狙い，親切にし，家屋が老巧しているので，このままでは危険だと欺して高額なリフォームを行う詐欺。「寂しそうな老人をさがして，愚痴を聞いてやり世間話をしろ」。

リベンジポルノ　人の性的画像などをインターネットなどで公開する犯罪（私事性的画像記録の提供等による被害の防止に関する法律違反）。

霊感商法　先祖供養や悪霊憑依などと洗脳し，高額商品を売りつける詐欺。「**開運商法詐欺**」とも言われる。「まともな寺やと思うとったら，悪徳坊主に身ぐるみはがされた」。統一教会の問題から，新法が制定されたが，効果は疑問。

ワンオペ　ひとりでこっそり営業する違法なブラックアルバイト。

7　車両犯罪関係の用語

洗（あら）う　盗んできた自動車の製品番号などを削ってしまうこと。

イモビ（カッター）　自動車の盗難防止装置（イモビライザー）を無効にして解除する道具。

打ち替え　盗んできた自動車の車体ナンバーを削り，そこに新たなナンバーを打ち込む。

オーバーローン　中古車販売店と共謀し，車のローンを組み，その金額を高く設定して，ローン会社から騙し取る。住宅ローンでも仕組まれる。

鍵屋　あらゆる車種の鍵を売っている。古い型の車輌になると，新品の鍵を買ってきて，想定する鍵型に削り，車を盗むプロがいた。「近頃は，ハイテクの鍵になり，ワシらはおまんまの食い上げや」と嘆く。

紙（かみ）　車検証。「紙おまえへんか。**ハコ**はおますけど紙がおまへんねん」。

金融物　金を借りて担保として取り上げられている車のこと。名義変更ができない。高金利で金を貸し，担保として車の鍵を預かり，返済期日がきて，支払いがないと債務者に告知・通知もせず無断で車輌を処分する者もいる。

月光仮面　単車を専門に盗む犯罪者。この種の犯罪から資産を築いた成功者もいた。

現状　盗んだままの状態の車輌。ナンバープレートすら変えていない状態の車。「現状でよろしいか。ほんなら１台おまっせ」。

事故（ジコ）る　交通事故を偽装して保険金を騙し取る。「誰か事故る相手いませんか」。

車庫とばし　車庫証明を潜脱して自動車を所有・使用していると，公正証書原本不実記載等（刑法157条1項）で検挙される。「なんで車庫とばしくらいでパクられやなあきまへんねん」。

車上あらし　駐車している自動車の中の金品を盗む犯罪。「マンションの窓から見てる奴がおる。自分の車でもないのに通報しやがって。ほんまに腹が立つ」と逮捕されて怒る者がいる。

純正ナビ　トヨタのカーナビ。高額で売れるので，窃盗犯に人気がある。「**ナビ**行こか」と，まるで風呂屋にでも行くように気軽に窃盗に行く。

直結　鍵がなくても，エンジンの電気機能を巧妙につないで始動させる手口。

てんぷら　車輌とプレートが一致しないニセのナンバープレート。「きょうび，てんぷらで走っとったら直ぐパクられるで」。現在では，プレート，車種，色まで総てコンピュータに登録されて，警察の捜査システムが著しく向上している。別に，経歴を偽っている詐欺師のことを「てんぷら」という場合もあるので要注意。

二個（にこ）イチ　２台の車のプレートや車検証を組み合わせ，をそれぞれ交換して正規の車輌に見せかけている自動車のこと。盗難車をそのようにすることが多い。別に，２人１組の仲の良い人間関係をいうこともあるので要注意。この場合，

「**おみきトックリ**」ということがある。

ノリパク　エンジンがかかっている車を盗み，そのまま乗って逃げる窃盗。特にコンビニ前での犯行が多い。「ノリパクほやほやの車でっせ」。盗まれた者の慌てぶりを隠れて見て，「それがおもろい」と言う悪質な者もいる。

ハコ　車輌（盗難車）本体をいう。海外へ違法輸出することが多くなっている。ハイエースは特に人気が高い。重機も人気。

バラシ屋　盗んできた車輌をバラバラにして，部品を売却する。**新品屋**ともいう。「人をバラしたら罪は重いけど，車をバラしたくらいなら**小便刑**（しょんべんけい）ですわ」。

ハリカエ　プレートを偽造すること。主に「１」を削って，「０」を貼り付ける。「これで２万円は高い。こんなハリカエはさぶい」と喧嘩になることがある。

封印　ナンバープレートのところの丸形の封印。これをたこ糸やペンチで外す。１台目は外側を盗み，２台目は内側を盗み，これを合わせて新しい封印にする。一日中封印を作っている者もいる。「ワシは日本一の封印屋や」。

プレート屋　アルミ板でプレートを作る。夜間，車の前部プレートを盗んでくる。このプレートの上にアルミ板を重ね，圧力をかける。すると文字が浮かぶ。これを２枚作る。そして，盗んできたプレートを返しに行く。ペンキで色を塗る。こうして双子のプレートが完成する。車種を合わし，プレートも合致。こうなると大手を振って盗んだ車を乗り回す。双子にされた被害者はなにも知らない。

ホイール屋　タイヤにつけるアルミホイール専門に盗みを働く。買取専門店に売却したり，ネットで売る。

ポッコン　鍵穴に道具を突っ込んでドアを開けて車を盗む方法。【語源】「ポッコン」と音がすることから。「ちょっと気晴らしに**ポッコン**でもいくか」。

ポンチ　車の窓ガラスを割るスプリングが入っている特殊なドライバー。ちょこんと突くだけでガラスが割れる。ホームセンターで売っている。目的もなく遊び感覚で「ポンチでガラス割りでもやろか」とタチの悪い者もいる。

ヤード　自動車の解体場所。盗難車などを「ヤードに運んどいて」。

8　違法薬物関係の用語

アウト　覚醒剤の陽性。**セーフ**は陰性。「アウトでしたわ」。

青タン　注射するのを失敗して腕に残っている青アザ。「青タンばっかりつくってる**ポン中**や」。

赤玉（あかだま）　「**エリミン**」（一般名＝メタゼパム）のこと。よく覚せい剤に混ぜて使用される薬物。女性がよく好んだ。赤い袋に入っている睡眠薬として利用されていたが，2015（平成 27）年に販売中止となった。

アカネタ　赤味がかった覚せい剤。

空カンパイプ　コーヒー缶やコーラ缶などをパイプがわりにして大麻を吸う。空缶に穴をあけ，そこに大麻をおき，ライターであぶる。缶内に煙りが入り，それを吸う。

味見する　違法薬物をとりあえず使用してみてその品質のよしあしを確かめること。「あいつに味見させて，結果を直ぐ報告せい」「**ヨサゲ**です」。

アッパー系　気分が高揚する興奮剤系の薬物。コカインなど。覚せい剤もアッパー系である。

アヌビス　化学合成によりつくられた「**ダウナー系**」の危険ドラッグ。

炙り（あぶり）　覚せい剤をアルミ箔にのせたり，**ガラパイ**に入れ，下からライターの火であぶって出てくる煙を吸って使用すること。

アルミ試験　アルミ紙を二つ折りにする。折り目に覚醒剤を少量乗せる。アルミの下からライターで炙る。上質は，スッーと一直線に流れる。アルミから綺麗に剥がれる。量が余りに減っていない。臭いがしない。煙の量が多い。真っ白。粗悪は，焦げる。色が黄色や茶色になる。臭いがくさい。酷い物になるとネズミの死骸のような臭い。量が極端に減る。アルミから剥がれにくい。一直線にならず，途中で切れ目が出来る。煙が少ない。

アンナカ　覚せい剤と一緒に使用し，興奮を高める薬物。正式名は安息香酸ナトリウムカフェイン。粉末やアンプルがある。元々は動物用の交尾繁殖に使用されていたと言われている。「アンナカと**シャブ**を混ぜて量を増やして売ってまんねん」。

あんぱん　シンナーを吸うこと。【語源】ビニール袋のあんぱんをむしゃむしゃ食べていることに似ていることから。

イキシロ　自分の使用する分の薬物。「イキシロもおまへんねん。フラフラですわ」。

いじる　取扱う。「その商品はいじってないです」。

イチゴ（苺）　1万5000円のこと。「苺」は主にネットでの隠語で使用される。

イッパイ遅れ　覚せい剤の密売人が仕入れるとき，後で代金を支払う信用システム。「イッパイ遅れで頼んますわ」。

一発　覚せい剤注射1回分（約0.02g）。常習者は朝から「一発おまへんか」とあちこちへ顔を出す。

一本　1キログラムの違法薬物。

インポート　輸入物の大麻のこと。国産は，「ブロー」という。「ええインポートでっしゃろ，どこにもおまへんで」。

宇宙人　「ラリっている」人物のこと。「宇宙人になっとるぞ。近づくな。一緒にパクられるぞ」。

うんともすんとも　令和に入り，一時期出回った覚醒剤。いくら注射しても「うんともすんとも」ないことから。「他の人はそんな文句言いませんよ」と弁解。

液体試薬　覚醒剤反応の陽性陰性を判定する試薬。瞬時に無色から青色になると，陽性。

SNS　会員制交流サイト。これを利用してネット上で薬物密売がされている。ネット掲示板も同様で，違法薬物の仕入れ先。

エフ　塩酸エフエドリン。覚せい剤の原料。「エフ」に少し手を加えて焚くと覚せい剤になる。

MDMA　**エクスタシー**，外国などでは「**モリー**」と呼ばれている。元々は精神治療薬の薬剤。脳内のセロトニンの放出によって快感がくる。

押す　ネットから派生した最近の隠語。「**引く**」の反対語で「売る」ことである。

オーバードーズ（OD）　薬物を使用しすぎて突然死すること。

押しきる　注射器に入れた覚醒剤の水溶液を全部身体に入れる。「いいですか，押しきりますよ」「お願いします」。

重い　使用すると疲れが出るシナモノ（覚せい剤）。「ちょっと重いでんなぁ」と苦情。

覚醒剤系精神病　覚醒剤使用により，幻覚や妄想など統合失調症と類似の病状を呈する。

ガチキメ　薬物を体にガッチリと入れて使用している状態のこと。

紙（かみ）　LSDのこと（化学名はリゼルグ酸ジエチルアミド）。「ダライラマ」など有名なLSDがある。「そんな罰当たりみたいなものを使うから捕まるんや」「先生の言うとおりです。反省してます。ダライラマさん謝ります」。

体払い　覚醒剤を買う金がない女性。「あの……体（カラダ）でどうですか」。

ガラパイ　炙りのとき使用するガラスパイプのこと。東急ハンズなどでガラス管を購入し，先を燃やしてふくらませ，穴をあけて作る。名人はこれを**シノギ**にしている。素人が作ると爆発する場合があり，ヤケドをする。

カルキ　覚せい剤に混ぜて量を増やす。見かけも覚せい剤に似ているので，悪徳密売人は，「どうせ**ポン中**に売るんやから，少々混ぜてもわからしまへん。浮いた分は自分の**イキシロ**にしまんねん」。

ガンコロ　覚せい剤の大きな結晶のこと。「ガンコロあったら頼んまっせ」。

鑑定　採尿された尿は、警察本部の科学捜査研究所へ鑑定嘱託され、数日中に鑑定結果が出る。鑑定は、薄層クロマトグラフィーとガスクロマトグラフ質量分析という手法を組み合わせて行われる。覚醒剤成分（フェニルメチルアミノプロパン又はその塩類）が顕出されれば、陽性である。覚醒剤成分は、体内に摂取後3～4日間は陽性反応が出るといわれているが，最大10日間を目処に運用されている。弁護人としては、鑑定の手続、結果等についての争いを検討する。

キー　注射器のこと。「**マイジェク**」と同じ。「**ポンプ**」「**エンピツ**」という者もいる。

効き目（ききめ）　覚せい剤が効いている状態。「バリバリの効き目でんな」。

危険ドラッグ　「**脱法ドラッグ**」「**合法ハーブ**」などといわれていた。2014（平成26）年から「危険ドラッグ」という警察用語となり，医薬品法などで規制と取締が強化された。

キット　自分で覚せい剤反応が出るか調べられる機器。5,000円ほどでヤミ流通している。

キナコ　最高級の「**パウダー**」と称される伝説パウダー，飛び抜けて高額。覚醒剤に混入して注射をすると別人格になる。ニセモノも多い。

キノコ　幻覚性キノコ（シロシビン）。

キメセク　男女ともに覚せい剤を使用してするセックス。【語源】効（き）めてセックス。両名とも強い依存性・常習性を有していることが多く，憂うべき言葉である。

キメトモ　覚せい剤を使用する仲間。ネットの掲示板で仲間を募る。

キャ（CYa）　覚醒剤の客の隠語。「あのキャはええ人や」。

客ダネ　客層のこと。「あそこのシャブ屋は客ダネがええらしいのう」。

客電　薬物の密売のために客に教える携帯電話の番号。大量の客がついた客電は高額で売買される。

逆輸入　注射器の入手が難しくなり，輸出された日本製の注射器を中国，韓国から輸入する。

吸引　粉末を鼻で吸引するやり方。ヘロインやコカインなどの使用方法。「**スイニング**」という。

強制採尿　薬物使用の疑いで尿を採取するため強制採尿令状（刑訴法第218条）が出される。逮捕ではないが、強制的に指定の病院まで連行される。身体を押さえつけられ、医師が尿道にカテーテルを挿入して採尿する。弁護人としては、違法な人権侵害がないか検討し、場合によっては，違法収集証拠として、尿の鑑定結果の証拠排除を求める。

切れ目　薬物の効果が途絶えて体がだるい状態。「今日はあきまへん。切れ目で動けまへん」。

金魚（きんぎょ）　小さい醤油入れに覚せい剤の水溶液を入れた商品。昔，流行した。

近麻（きんま）　厚生労働省近畿厚生局麻薬取締部のこと。取締官は司法警察員として警察官と同じ。関東では「**麻取（マトリ）**」という。近麻に逮捕されると大阪府警に一時留置され，勾留場所は大阪拘置所となる。「近麻に目つけられたら終わりや。」取締官は，「麻薬Gメン」と自称することもある。

キンマイヌ　厚生労働省近畿厚生局麻薬取締部の下のS（**スパイ**）。関東では「**マトリイヌ**」となるか。

クスリづけ（漬け）　薬物を無理矢理使用させて中毒者にしてしまい，自分の言いなりにする。覚せい剤の場合は，「**シャブづけ**」という。「ワシが懲役に行っとる間にワシの女をシャブづけにしやがって」。

クソネタ　著しく品質の悪い薬物。

首入れ　首の血管から覚醒剤を注射する。

クラック　コカインと重曹を火であぶり，液体にしてから不純物をとり，結晶にしたもの。これをあぶって，「**水パイプ**」などで吸う。

グロウ　国産品。「うちのグロウはインポートに負けませんよ」

ケタミン　動物用の粉末の麻酔薬であるが，これを覚せい剤に混入する者がいる。「わたしは宇宙をさまよってきました。ケタミンはすごいです」。「スペシャル K」とも呼ぶ。

ケツ入れ　覚せい剤を細かく砕いてお尻の穴から身体に入れる使用方法。粘膜吸収する。

月間　毎年 10 月は，大阪府警の覚せい剤取締強化月間。「気つけなはれや，今月は月間でっせ」。

原材料　マオウ，トルエン等からエフエドリンを作り，これに手を加えて覚醒剤を製造する。

コカイン　「コーク」「スノー」や「パウダー」とも言う。今では，「**パウダー**」は「脱法ドラッグ」の意味に変わった。純度の高いものは，「**フリーク**」と呼ばれている。

スマートドラッグ　向精神薬。精神安定剤。

シグナル　携帯電話で薬物の売買など犯罪行為をするとき，「シグナル」というアプリを使用する。これによって跡が残らないようにする。

実験する　覚せい剤をアルミホイルに乗せて「炙った」り，「味見」させたりして品質を検証する。

シバガス　「危険ドラッグ」の代用品となってきた亜酸化窒素ボンベのこと。

下北半島　下半身，つまり性器に強く効く覚醒剤。「ええ，下北半島でっせ」。

シモネタ　下半身がうずく覚せい剤。「こりゃたまらんシモネタや」。

シャブ　覚せい剤。メタンフェタミン系中枢神経刺激薬。【語源】骨までシャブられることから。単に,「**ヤク**」「**クスリ**」「**シナモン**」,「**冷たいのん**」「**エス**」などともいう。若年の者は,「**スピード**」ともいう。これとは別に,「**品物**」「**商品**」「**ネタ**」という言い方もある。

シャブ乞食　朝も夜もなく「一発ください」と走り回る中毒者。

シャブダコ　何回も突きすぎていると「シャブダコ」といわれる注射痕のしこりができる。

シャブ焼け　覚せい剤を使用して日光に当たると顔が黒くなる。「見事なシャブ焼けでんな」。

純トロ　シンナー（トルエン）のこと（毒物及び劇物取締法２条の劇物）。

ジョイント　大麻をローリングペーパーで巻き，紙巻き煙草状にする。先っぽはひねっている。ジョイントに使用される大麻は劣性のものが多い。

白物（しろもん）　覚せい剤，コカイン，ヘロインなどの白色の違法薬物の総称。白物３点などと称する。「白物３点全部揃うてまっせ。どないでっか」。

スリップ　薬物依存を克服していたのに、また一時的に再び再使用してしまうこと。

ゾンビ　過剰薬物摂取で殴られても蹴られても平気な人。他方,何もせずに毎日を無駄にやりすごし生き続けている者もゾンビという。

大麻栽培キット　照明器具，電気タイマー，肥料等。まず種をまき育てる。

種の品質が最も重要。肥料も大切。名人は大麻を「我が子」みたいに育てる。

ダウナー系　何もする気がなくなる薬物（麻薬及び向精神薬取締法違反)。ヘロインなど。

タキ直し　覚せい剤を湯煎してエタノールやアンナカ等を混ぜ，良品に仕上げる。混ぜ物とは全く違う。「あの人に頼んでタキ直ししてもらえ」。

宅配（たくはい）　業者に覚せい剤を配達させる。「デリバリー」ともいう。コンビニなどから中味は「フィルム」と書いて送る。こうしておいたら「赤外線に引っかかりまへんねん」と信じられている。

タチオン　尿の覚せい剤反応を消すといわれている薬。錠剤とアンプルがある。「出頭しやなあきまへんねん。タチオン手に入りまへんか」。

ダッシュ　逃げる。「お待たせしました。1万円です」と「プッシャー」が車から封筒を渡し，受け取った途端，風のように走って逃げる奴。「やられた……」。

ダルク　薬物依存症者の回復のために作られた施設。［語源］Drag Addiction Rehabilitation Center の頭文字から。各地にあり、家族対策も含めて社会復帰支援をしている。自助努力をするためのグループでミーティングが行われている。

チャーリー（チャリンコ）　コカイン。自転車ともいう。「自転車おますか」。

チャリ　違法薬物を投げ捨てる。「ちゃんとチャリしました」

チョコレート　大麻の樹脂。「チョコおまへんか」。

突く　覚せい剤を注射すること。普通は肘の関節の内側の血管を注射器で突いて血管に入れて使用する。手マネでそのような仕草をして示すことも多い。名古屋・東京では「**打ち込む**」「**通す**」ということがある。「誰か突いてくれまへんか。もう血管がボロボロで全く入りまへんねん」。

ツケ　親しい間柄での薬物の売買で後払いにしてもらう。「たのむ。ツケにしといてくれ」。

手押し　手渡しで覚醒剤を売る。「手押し OK」ネット用語。

テルモ　「マイジェクター」（商品名）ではない注射器。若干針が太くて長い。「わしは，テルモの方が好きや」。

電気が飛ぶ　薬物の影響で，気が狂ったような異常状態になる。

点滴，ニンニク注射　出頭前に点滴やニンニク注射をして覚醒剤の反応を消そうとする。

道具屋　注射器を専門に売っている者。

ドクター　注射の名人。女性の場合は「看護婦」という。「弁慶（べんけい）」とも称される。【語源】源平合戦の扇の的を射落とした那須与一が弁慶と誤認されているのではないかといわれている。

任意採尿　強制採尿（痛い）を回避するため、令状を示されたうえ、やむなく「任意」で尿を提出することも多い。実質的には強制である。

抜く　覚せい剤成分が尿中から検出されるとする期間（1週間から10日間）は使用せずに，「抜いて身体をきれいにしておく」こと。病院へ行って点滴してもらったり大量に水を飲んでサウナに行ったりする者もいる。

ネタ元（もと）　まとまった違法薬物の仕入れ先。

ハーフ　0.5グラムの違法薬物。

配達（はいたつ）　密売人自身が客に覚せい剤を届ける。「交通費は別でっせ」。

売人（ばいにん）　覚せい剤を小売りする者。特に路上で密売する者を「売り子」「立ちん坊」という。

パウダー　合法といって売られていた粉末状の違法薬物の総称（違法薬物に指定された「α -pvp」を含むものもある）。

ハカリ　覚せい剤を計って0.5グラム，0.25グラムなどのパケ袋をつくる電子秤。マニアックな天秤ハカリを使っている者もいる。「電気の数字なんか信用できん。天秤が一番や」。

バクダン　不良品の覚せい剤。一瞬にして効果が消える。「これバクダンでんがな」。

パケ　覚せい剤を小分けして入れるチャック付ビニール袋。ふつう，「ワンパケ」（約0.2g ～ 0.25g）で1万円。西成などで密売しているのは，このワンパケの覚せい剤。覚せい剤の仕入単価によって量が変わる。覚せい剤の量について，警察では**ミクロスパーテル**計量器でグラニュー糖をすくわせて計る。一杯あたり約0.015グラムになる。

運び屋　違法薬物を海外から持ち込む役割の者。「天敵は麻薬犬です。常日頃から犬には優しくして，犬に好かれるようにしています」。全く無関係の者が「運び屋」に仕立てあげられることがある。何も知らずに違法薬物の運搬をさせられる者を「**ブラインドミュール**」という。

外れなし　名門の密売屋。「あそこの商品は外れ（ハズレ）がない，大したもんや」と信用を得ていく。

バツ　MDMAのこと（向精神薬）。【語源】「**エクスタシー**」のXから。**スーパーマン**（「S」）など多種類がある。

ハッパ　大麻，マリファナ（大麻取締法違反の対象）。「**野菜**」「**クサ**」「**ガンシャ**」「緑のモノ」「緑ちゃん」ともいう。使用は処罰規定がなく，所持のみが処罰される。

ハッシシ　大麻の花粉を集めて固めたもの。【語源】アッサシン（暗殺者）といわれるが不明。

バットトリップ　薬物を使用して，死と恐怖の心理状態に陥る。

ハルシオン　薬物中毒者によく好まれている睡眠薬。ビールと同時使用すると錯乱することがある。「ハルシオンとビールを飲んで気がついたら留置場でした。どうも暴れて人を殴ったらしいのです」。

引く　違法薬物を仕入れること。「今からネタ引きに行きまんねん」。

一束　違法薬物の100グラム。

ビッチ　誰でも性交させ薬物をせしめる女性。「あのビッチが出所してきたぞ」

ピンクパンサー　ピンク色の覚せい剤で，良質の物だけこう呼称される。風体「込み」「別」　風体とは袋。袋の重さを含めるか別とするかの違い。「うちは風体『別』の正味のワンジーでっせ」と宣伝する。

プッシャー　「押す」が覚せい剤を「売る」意味になったことから，覚せい剤の「売人」のことをいうようになった。【語源】プッシュ（押す）から。

太客（ふときゃく）　大口で薬物を買ってくれる者。

フラッシュバック（再燃現象）　薬物使用者が薬効の消滅後も乱用時と同様の精神障害が突然現れること。「あいつに近づくな。完全なフラッシュバックでいかれとる」。

ブリってる　マリファナ成分が身体に入っている状態。

フリーベース　コカインを固形状にしたもの。「**ガラパイ**」であぶって吸う。

ブリブリ　マリファナの高級品（ハイブリッド）を使用してその効果を味わっていること。「さすがブリブリに気持ちがええわ」。

ブロン　薬局で売っているセキ止め薬で，大量摂取すれば興奮作用が出る。「パクられるのが恐いので，覚せい剤なんかに手を出しません。ブロン一筋ですが，飲みすぎて錯乱し，人をしばいてパクられました」。

ぶっとぶ　薬物の強い効き目で別世界をさまよう。

ベゲタミン　強力な睡眠薬。安全性が低く 2016（平成 28）年から販売中止となっている。

ヘロイン　「ペイ」（白）「ヘロ」「プー」ともいう。「覚せい剤は人生のスパイスやけど，ペイだけはやばい。廃人になる」。アヘンから抽出したモルヒネをさらに化学処理し精製する（麻薬取締法違反）。

ホヤク　薬物を使用すること。「おのれ，ホヤいてばっかりしやがって。ヤキいれるぞ」。

ポンカス　覚せい剤を使用しすぎて顔に出る吹き出物。「ポンカス違います。ニキビです」。

ポン中　覚せい剤中毒者。「**シャブ中**」に同じ。【語源】かつて合法的に販売されていた大日本製薬の商品名「**ヒロポン**」の中毒者から。

ポンプ　覚せい剤を腕に注射するためのインシュリン用注射器。「ポンプがないからアブリでいったら，どうも効き目がおまへん」。

マイジェク　昔は「**シャキ**」「**ポンキ**」といわれた注射器。目盛りが，1mm のものと2mm のものがある。通常はオレンジ色のキャップ，白色キャップも出回っている。

マイナス　採尿で，覚せい剤の反応が出なかったとき，「**セーフ**。マイナスですわ」。出たときは，「**アウト**。プラスでしたわ」。

マジックマッシュルーム　幻覚作用のある麻薬の一種。「**シロシビン**」ともいう。

マゼモノ　不純物が混入した覚せい剤。「こんなマゼモノの多い品物売りやがって」。

水パイプ　ペットボトルとストローで作ったパイプで薬物をあぶって吸う。「**ブクブク**」ともいう。

虫がわく　薬物使用をやめていたが，何かのきっかけでまた使用したくなること。「ついつい虫がわいてしまいました」。薬物依存症の怖さである。「**スリップ**」しないよう最大の注意が必要である。

メス　覚醒剤。令和になり関東地方で「**半グレ**」が使用している隠語。

メッソ　ハカリがないとき，目分量で入れること。「メッソでよろしいか」。1円玉が丁度1グラムなので，器用に紙で天秤を作り，**ワンジー**を計る者もいる。「これが本物のプロですわ」。

メモリ　覚せい剤の使用量。「メモリなんぼですか」「5（ミリ）で頼んます」。

メリーちゃん　合法といって出回っていた違法薬物（かつて「**ゴメオ**」といわれていた薬剤が原点）。

モルモット　「**サンプル**」（見本）で薬物の味見をする者。「うちのモルモットはほんまに優秀や」。

モレる　覚醒剤の注射に失敗する。

闇堕ち　薬物によって暗黒街に堕ちていく。「とうとうあの女も闇堕ちしましたか，先生，助けてやってください」

ユキネタ　粉状の覚せい剤で，良質の物だけこう呼称される。

湯煎（ゆせん）　覚せい剤を溶液にすること。

ヨサゲ　「**味見**」してみて良い感じのこと。「この**シナモノ**はヨサゲです」。

ヨレる　覚せい剤を使用しすぎて徘徊している。「あいつは，ヨレとるから気をつけろ」。

ライン　コカインをガラスや鏡の上に1本の筋のように置く。なぜかこれをドル紙幣で吸うのが格好良いとされる。「3本ほどライン引いてくれ」「ドル巻いとってや」。

ラッシュ　鼻で吸引する興奮作用のある液体（以前は合法であったが，現在は指定薬物として規制され違法）。

ラブコネクション　恋愛関係を作って，覚せい剤などを密輸させる方法。

ラリっている　薬物使用のため正常でなくなっていること。

リキッド　ダウン系やアップ系違法薬物の溶液のこと。吸う器具を「**ペン**」という。

リタリン　躁うつ病の患者に処方される薬。覚せい剤に似た効用がある。売買目的で所持したり販売すると，麻薬取締法違反。

レッドブル　市販の飲み物。これに「**エリミン**」（赤玉）を混ぜて飲むのが流行した。

ロヒ　強い睡眠作用がある「ロヒプノール」（通称**ルフィー**）のこと。昏睡強姦（刑法178条2項は2023年改正で削除され，その犯罪類型は新設の177条に取り込れた）によく使用されるので，「**レイプドラッグ**」ともいわれている。

ワンジー　1グラムの違法薬物（主に覚せい剤）。

ワンショット　コカインのラインを1本吸うこと。「さあワンショットいくか」。

9　暴力団・抗争関係の用語

赤字破門　単なる破門ではなく，限りなく「**絶縁**」に近い処分。「破門」の文字が回状に赤色で印刷される。

阿賀者（あがもん）　広島の阿賀地方のヤクザ。性根がすわっている者。

足を洗う　暴力団組織からぬけること。「もう**ヤクザ**では飯は食えん。足を洗うて真面目に生きる」。

預り（あずか）り　他の組の親分から頼まれ，その子分や舎弟を一時的に自分の子分として扱い，面倒を見ること。「ちょっとこいつを預かってくれ」。

あそぶ　暴力団員として活動していること。「昔はあそんでましてん」。

頭丸める　失敗をしてその詫び入れに丸ボウズにして謝罪する。

アニキ　弟分から兄弟分を呼ぶときに使う。兄弟分でも若干「**貫目**」が異なる場合，上位者は「**兄弟**」と呼ぶが，下位者は「アニキ」と呼ぶ。

油紙　拳銃を包んでおくための薄紙。錆を防止するため油紙で包み保管する。

一本締め　祝事のときの終わりにする手拍子。「三本締め」もある。

一本独鈷（どっこ）　独立して組を運営している暴力団組織。指定暴力団や非指定を含め，代紋を独自に持つ組織は総て一本独鈷。

因果を含める　一般にも使われるが，ここでは主に口を封じる意味を持つ。「あいつには因果を含めとけよ」。

引退届　ある程度名の売れた暴力団員が引退するとき，所轄の警察署長あてに引退届を出すことがある。

インテリヤクザ　知能的でもっぱらシノギに精を出し，金儲けがうまい経済ヤクザ。高学歴のヤクザのことをいう場合もある。「怖い顔してはるが，あの親分はインテリヤクザや」。

売り出し　暴力団社会で名が通っていくこと。「あの男は今，売り出し中ですわ」。

ええ仕事した　「うまいこと**タマ**とった」などとは言えないので，こう表現する。

枝（えだ）　「**直参**」の配下の組員もしくはその組織。第３次団体以下の組と組員を称する。「ワシら枝の葉っぱですわ」と自嘲的に使うことも多い。

エンコ　指。ふつう左手の小指の先。**【語源】**人形浄瑠璃で,「手」のことを猿猴（えんこう。伝説上の猿類）ということからといわれている。

エンコ供養　落とした指を神社や寺に持って行き，約２万円くらいで供養してもらう。「うちの親分はええ人や。エンコ供養までしてくれた」。

エンコつめ　自分の責任をとるために自分でエンコを切り落とす。

エンコを叩く　「**指つめ**」を手伝う。「痛たないように叩いてくれよ」。ひとりで指をつめるときはタンスの引き出しに包丁を仕掛け，それを押して指を千切るのが最も簡単。懇意な医師に麻酔の上，手術で切断してもらうこともある。

オジキ　自分の親分の兄弟分を子分から呼ぶとき。

音鳴らす　発砲する。「なめとったら音鳴らしたるぞ」。

オヤジ　親子の盃をかわし，擬制血縁関係を結んだ「親分」のことを「オヤジ」と呼ぶ。刑務官が受刑者から「オヤジ」

と呼ばれ，警察官でも暴力団担当の班長などは被疑者から「オヤジさん」と呼ばれる。これはヤクザにかぶれているのである。

御大（おんたい）　名の通った著名な親分の尊称。「御大はお元気ですか」。

ガード　ボディーガードのこと。「今日は親分のガードです」。

会社　最近では暴力団員は自分の組のことを，単に「会社」，親分のことを「社長」「会長」ということが多い。

改造　モデルガンを改造し，発射機能を得た拳銃。暴発が怖い。「大丈夫か。改造はさぶいぞ。お前が試射せい」。

会費　組織内の地位によって支払う金額は異なる。「**上納金**」という言葉はもう使われていない。

返（かえ）し　抗争の報復のこと。「返ししとかんと格好がつかん」。

返し手打ち　報復はしない手打ちのこと。「今回は返し手打ちや，悔しいが上からの決定や」

稼業違い　博徒とテキヤ。「渡世をはっている」は博徒，「稼業をはっている」はテキヤ。

ガク引き　拳銃を発射するとき，引き金を引く力で銃口が下がること。これを避けるために両手で握る。

掛け合い　ヤクザの間での紛争の話し合い。大阪では「**詰めに行く**」ということが多い。「これから**詰め**た話をしに行ってくる」。古参のヤクザは，「**談合**」とも言う。

カシラ（若頭）　若い者頭。子分の中での最高位のもの。組織の「ナンバー２」である。

カシラ補佐　「カシラ」を補佐する任務。単に「**ホサ**」と呼ぶことが多い。

カタギ　暴力団ではない素人。真面目に働いている人。「**ネス**」ともいう。「ネスのくせに能書は一人前や」。【語源】堅気。堅い性質から。

カタリ　ヤクザでないのに，勝手に組員であると名乗る者。「あいつはカタリや。ケジメ取ってこい」。

カチ込み　抗争相手や組事務所に攻撃を加える行為。ダンプカーで突っ込む事件もある。

カニ　**へた（下手）**を打ち過ぎて指を何本も落としている者。「遂にワシもカニみたいになってもうた」。

カバン持ち　兄貴分などのカバンを持って随行する。「相手を**詰める**からカバン持ちでついてこい」。

火薬（かやく）　喧嘩の種，遺恨。「あいつとは昔から火薬がおまんねん」。

ガラス割り　組事務所や幹部組員の自宅などの窓ガラスに発砲する。「ガラス割りなんかするな」。発射罪が新設されたので「ガラス割り」でも場所によっては最高無期懲役の重罪である（銃刀法31条1項）

ガレージ当番　大組織になると，定例会などで車が多数来訪するので，駐車場の整理や雑用をする組員を各組が持ち回りで担当して組員を派遣する。

川筋モン　九州遠賀川地域の性根の座った荒くれヤクザ。炭鉱気質をいう。

貫目（かんめ）　ヤクザとしての地位。器量。「ワシとは貫目が違います」。

カンバン　代紋，組織名。「あのガキ，どこのカンバン背負うてまんねん」。

消（きえ）モン　暴力団の必要経費。「今月は消モンが多かった」。

企業舎弟　現役の暴力団と密接な関係にある会社経営者などを指す警察用語。現在，暴対法が強化され，「企業舎弟」では露骨過ぎるので「**フロント**」といわれることの方が多い。

キザゴロ　凶器を使う喧嘩。「キザゴロかい。上等や」。

逆縁（ぎゃくえん）　子分から親分や兄貴分に盃を返すこと。「なにが破門じゃい。上等じゃ，こっちから逆縁したるわい」。

客分　事情があって，組に身を預ける。俗にいう「草鞋（わらじ）をぬぐ」。正式な組員ではないが，喧嘩や抗争が起これば加担しなければならない場合もある。

休戦　国家的行事などがあるとき，双方が抗争を止める。「国に迷惑はかけられんから休戦や」。

兄弟（きょうだい）　兄弟の盃をする。①「ノレン兄弟」（同じ組に属し，同じ地位），②「飲み分けの兄弟」（組が異なるとき），③「五厘下り」（五分五厘と四分五厘の関係），④「回り兄弟」（兄弟分の兄弟分との関係）がある。全く対等のときは，お互いに「きょうだい」と呼び合う。

切り崩し　他組織や敵対勢力を説得や圧迫して，自組織に移籍させること。

銀座警察　銀座にある住吉会系列の有力組織のこと。

クーデター　派閥の組長らが集結して，親分を引退させたり，組を脱退したりする。武力によるクーデターや説得による「無血クーデター」など。

草刈り場　「切り崩し」が激烈な地域や組織。「あそこの組は草刈り場や。どんどん攻める」。

鎖（くさり）　山口組では執行部に入っている「最高幹部」の代紋バッ

チ（プラチナ）には鎖がついている。「あの組長は将来，鎖つけまっせ」。

クスボリ　うだつの上がらないヤクザ者。「クスボリ」から精進し，地位を上げていくのがヤクザの本道とされている。

組（くみ）ごと　個人的なものではなく，組織の仕事のこと。

組葬　組員が死去したとき，組長が喪主となり葬儀を行うこと。暴排条例によって，正式な「組葬」はできなくなり，家族葬として営むようになっている。組員の参列は，一応自由。「葬式も出せんとは余りにもひどい」と組員は憤る。暴排条例には国家権力行使の過剰が見られ，問題が多い。

組長付き　組長の身の警護や世話をする組員。名誉な役目でもある。

組旗（くみはた）　組織の旗

黒ブタ　条件なしでの手打ち，和解。

形式破門　体面上，一応「破門」にしておくが，復帰が約束されている。

ゲソをつける　暴力団組織に入ること。「足を洗う」の反対。

ケツ取る　ケジメをつける。「ちゃんとケツは取ったのかい」

現役（げんえき）　組員登録のある正式な暴力団員。警察にも認定されている。準構成員も一応現役とする組もある。

合議制　組織の執行部が合議によって運営方針や人事等を決定し，これを親分に報告し，認証をもらう。執行部会議ともいうが，制度としては合議である。

興業を打つ　ヤクザ主催で，歌謡ショウやプロレス等を開催していた。暴排条例で，こうした興業の開催が難しい。

後見人　盃事を見届けた後，その組織の後楯的な地位で組織を支援する。大組織の親分が後見人についていると他組織からの見方も変わる。「うちの組の後見人は○○親分です」。

綱領
各組織には綱領があり，更に第２次団体でも独自の綱領的なものがある組もある。

子飼（こがい）
親分が直々に育てた組員。

極道（ごくどう）
ヤクザそのもののこと。「**暴力団**」と呼ばれるのを嫌ったヤクザが生み出した自称。「任侠道」を極めるという意味で否定的なニュアンスはない。「ワシは若いころから極道してまんねん」。道をはずれると「**外道**」（げどう）といわれる。【語源】仏教用語の邪法の教えから。

事（こと）始め
毎年 12 月 13 日に集まって，正月の準備をして次年度の誓いをする。京都の祇園などの花柳界の行事と同じである。

込（こ）みいる
もめごとが発生し，表ざたになる。「ちょっと込みいっとるんや」。

コルト，スミス＆ウェッソン
暴力団が抗争等で使用する主な拳銃のメーカー。自動式の**コルト**は「**オートマ**」で，回転式のスミス＆ウェッソンは「**レンコン**」。

サイレンサー
自動式消音装置。器用な者ならホームセンターで材料を購入し製造する。

盃（さかずき）
擬制血縁関係を結ぶ儀式。盃をかわせば正式組員となる。ヤクザとしての絶対的契約を結ぶ重要な儀式であり，これを行い，初めて擬制血縁関係が成立する。

先乗り
親分が向かう場所に先に赴き，異常がないかを確認する。

ザブトン（座布団）
ヤクザの中での地位。「オレの方がずっとザブトンが上なんや」。

ザブトンを引っ張る　その地位にあるヤクザを下に落とそうとすること。

サミット　全国の友交関係にある**代紋頭**が集まり，食事などを楽しみながら現状を語り合い，警察への対処等を協議する。

サラブレッド　著名な親分の息子。「あの人はサラブレッドや」。

サンシタ（三下）　「チンピラ」。最も低い地位の者。【語源】博徒の役職に「貸元，代貸，出方」と三段階あるが，そのさらに下である意味から。「あんな者サンシタですわ」。

サンパチ　38 口径の拳銃のこと。

示威行為　2015（平成 27）年指定暴力団山口組の分裂以降，マスコミによって使われ出した言葉。敵対組織に向けて人員集結する行為を表現している。警察は，道路交通法を適用し，捜査を実施。

直参（じきさん）　親分から直接盃を受けた直系の組員。

ジギリ　抗争で活躍し，服役すること。【語源】自（じ）切り，すなわち自分の体を傷つけることから。「あの人は組に**ジギリ**をかけはった」といわれる。

仕切る　役割を決める者。「今回はうちの組が仕切らせてもらいます」。

仕事　喧嘩での手柄。「ええ仕事したやないか」。

指針　各年次に組の運営方針や理念などが発表される。

試射　高速道路を走行しながら発射実験したり，電車の高架下などでも実射して練習する。

沈める　使用した拳銃の処分。地中に埋めると発覚する場合があるので，海に捨てたりする。溶鉱炉で「**溶かす**」，「**潰す**」

とも言う。別に，女性をソープランドなどに「沈める」のと混同しないように。

実子（じっし）　親分の実の子どものこと。「**ワカ**」と呼ばれて優遇されることがある。

実弟（じってい）　親分の実の弟のこと。

シマ　暴力団の「**なわばり**」。勢力範囲。【語源】島から。関西ではあまり使わない言葉である。関東では，「シマ」が整然と決まっている。他の組の「シマ」を借りてシノギをするのを「**借りジマ**」といい，毎月金を払う場合もある。また、テキヤの「**庭場**」に対して，博徒は「シマ」と呼称。シマが他の組織に荒らされていないか見て回るのを「**地回り**」と称する。「ちょっと地回り行っています」。

死守り（しもり）　「シマ」を組織が一丸となって守り続けること。

舎弟　組内における親分を頂点とした「弟分」たちのこと。若衆は「子分」。

シャッター撃ち　抗争相手の事務所のシャッターめがけて発砲すること。

周辺者　暴力団の周辺にうろつき，**シノギ**をしている者。

襲名披露　組織の当代を襲名したりすると，襲名披露をするが，警察の締め付けで簡素化され，昨今は書面で披露することが多い。

出身母体　当代の組長を出した組のこと。

主流派　当代の出身母体を主流とし，更にその出身母体から新たに昇格した組や出身母体に親近な組を総合して「主流派」と称する。他方，「反主流派」と称される組もある。「オレらは冷飯を食わされてる」といった状態も起こりうる。

上州ヤクザ　昔，上州地方にヤクザが多かったことから。

状まわる　破門状や絶縁状が関係各組織に郵送される。「ワシの舎弟の状がまわりました」。

硝煙反応　拳銃発射後に衣類などに付着する火薬粉粒の反応。「硝煙反応が一番ヤバイ」と警戒する者が多い。

ショバ代　暴力団の勢力下でその後だてで商売するために支払うお金。「ショバ」は場所（ばしょ）の逆語。「**オトシ**」ともいう。暴対法によって，警察署から中止命令が出されるので，「ショバ代」の徴収は激減している。

処分　①**謹慎**，②**除籍**，③**破門**，④**絶縁**といった処分がある。「謹慎」，「除籍」などは軽い処分である。「破門」は組に戻れる可能性が残る。「絶縁」は業界からの永久追放となる。

仁義（じんぎ）　仁は人情，義は義理を意味する。中国春秋時代の思想家孟子が人間として最も学ぶべきとした徳目。ヤクザの建て前。「仁義を切る」は，ヤクザ特有の言いまわしで自己紹介すること。**花仁義**ともいう。

親戚　代紋が異なる組織が友好関係を築き，親戚となる。これをマスコミは親戚外交と称している。

身辺整理　襲撃実行者が出頭するときには，身の回りを整理し，服役に備える。「身辺整理も終わりましたので出頭します」。

スジモン　暴力団員を指す言葉。「相手はスジモンですわ」。

捨てブチ　いざという時に身体を賭けて行動を起こす黙契で小遣いをもらい，毎日ブラブラしている者。「肝心な時に**トンコ**かましやがって，あの恩知らずめ」。

スワット　身体を張って親分を守る親衛隊員のこと。大手組織で使用されたのが発生源。

セレーション　のこぎり。ギザギザのついたナイフ。

先代　当代の前の親分。

戦闘服　事務所当番や部屋住みの組員が着る制服。

相談役・顧問　組内の序列とは別の上位の者。組長から盃を受ける場合と盃なしの場合に分かれる。「名前は立派やが，結局は棚上げされた」と不満をこぼす組長もいる。

族（ぞく）上がり　暴走族からヤクザになった者のこと。

待機　抗争や揉め事が起こったので，事務所で成り行きを待つ状態。「今日は待機がかかったんや」。

代貸（だいがし）　「**舎弟頭**」（親分の「弟分」の中での最高位）のこと。関東では，これとは別に，シマ持ちの貸元のヤクザの親分のことをいう。

代替り　組長が交代する。「**襲名**」での代替わりや親分の引退での代替り，病気療養等での代替りなど。

代紋（だいもん）　暴力団組織のシンボルマーク。ブランド的な価値と効果を発揮する。違う組織のことを「**代紋ちがい**」という。山口組は「菱」で，大阪では東組（七つ源氏車），酒梅組（鳶），京都では会津小鉄（大瓢箪）などそれぞれ伝統あるマークを有している。関東では稲川会（稲穂），住吉会（マル住）。

代紋頭　指定暴力団のトップである組長。総裁が代紋頭と認定されることもある。基本的には組長，会長が代紋頭である。

代理出席　組長が病気やなんらかの事情で定例会に出席できない場合，その組の若頭などが代理で出席する。

楯（たて）　防弾のための透明の楯。一見プラスチックに見えるが貫通しない。他にも防弾の鞄などがあり「**ガード**」の組員が携行する。

ダボシャツ　かつて，ヤクザや極道者が着ていた古風なシャツ。フーテンの寅さんが愛用している。「ダボシャツで歩いとったら職質されました」「えらい時代になったもんや」。

タマ（生命）を取る　抗争相手の組員を殺すこと（殺人罪）。「**取る**」だけで殺すという意味になることがある。「タマ取りに走らせた」。

弾（たま）よけ　親分や兄貴分を守るために自分の身体を盾にする者。「いつでも弾よけに使うてください」。

誕生会　組の親分の誕生日を祝う行事。

ダンピラ（断平）　刀のこと。「あいつはすぐにダンピラを振り回しよる」。日本刀だけは登録を受けることができる。

地下に潜（もぐ）る　「**ヒットマン**」らが行動を起こすために姿を隠す。

チャカ　拳銃のこと（所持しているだけで，銃刀法違反）。【語源】弾倉の回転する「カチャ」という音を反対にしたもの。単に「**道具**」とか「**重たいもの**」，「**てっぽう**（鉄砲）」「**音の鳴るもの**」などということもある。関東地方では「**ハジキ**」といわれる。

チョッキ　防弾のためのベスト。ワイシャツ仕様の防弾服もある。

血を見る　口論では終わらず，喧嘩になること。「こりゃ絶対に血見まっせ」。

チンピラ　最下部の組員もしくは組員でもない周辺分子。【語源】最低の数詞の「チンケ」と平組員の「ヒラ」があわさったもの。

ツー・ツー　22口径の小型拳銃のこと。「ツー・ツーで足撃ったら殺意がないということで，罪が軽なるやろ」。

付き人　親分の警護（けいご）や運転手をする若中。

均（つ）り合い　抗争において，被害の均衡が取れること。そのために「**手打ち**」まで時間を要することもある。「**血のバランス**」とも呼ばれ，面子を重んじるヤクザ組織にとっては重要なこと。

連れる　子分を持つこと。「ワシが連れとる男でんねん」。

出入り　暴力団組織同士の喧嘩。「**抗争**」「**ドンパチ**」「**火吹く**」「**音鳴る**」ともいう。「うちはいつでも**火を吹かす**で」。

定例会　毎月決まった日時に組員が集まり，連絡事項等を伝える。「寄り合い」ということがある。緊急の事態が起きたときは「臨時定例会」が開かれる。

手打ち　抗争を終結させる和解。「**仲裁人**」が奔走する。「あの親分が仲裁に入ったから，これで抗争も終わり，手打ちになるやろ」。「**手打ち破り**」は，手打ちの条件をホゴにしたり，再び仕掛けたりすること。「手打ち破りは向こうや」。

テカ（手下）　子分のこと。名古屋以東で使用することが多い。「テコ」ともいう。

出先の舎弟　本来の兄弟分関係とは別に，他のヤクザ者の「舎弟」としても認められている場合のこと（原則として7人までといわれている）。

手じまい　抗争の終結。「手じまいの準備をせい」。

鉄砲玉　わざと喧嘩を吹っかけるために積極的に暴れる無法者。また，喧嘩抗争の先陣をきる者。【語源】行ったきりで戻ってこないことから。

テッペン　組内での頂点。「ヤクザする限りはテッペンめざして修行する」。

出どころ　拳銃の入手先。「ワリァ，出どころを吐かんと組を潰してまうぞ」と刑事が恫喝する。

デリンジャー　手の平の中に入るような小型の拳銃。護身用。

テンジン（天神）　ヤクザの親分を呼ぶ最高の敬称。【語源】天満大自在天神の略。

戸板に乗せる　殺して相手の事務所に送り届けるとの意味。つまり殺害すること。「戸板に乗せて返してこい」。売り言葉に買い言葉で，現在では実際にそんな時代劇のようなことはしない。昂揚した暴力団言葉。

当番　組員が組事務所に24時間交替で待機して，電話の応答などをする。組員としての最低限の義務とされている(24時間体制でない組もある)。その日当番でない組員は，「定時連絡」などを入れることになる。弁護人の**当番**弁護士とは別である。

トカ　ロシア製の**トカレフ**拳銃のこと。旧式の自動式のものである。

毒流し　喧嘩，抗争の和解の儀式。「毒流しも終わったし，これからはお互い仲良くやりましょう」

所（ところ）ばらい　その土地から追放することを命令する処分。都会などでは，「所ばらい」になってもその地域を出ず，目立たないようにひっそり暮らしていることが多い。

外様（とざま）　独立組織から，加入してきた組織。

年寄り	組織内で害もなく静かに暮らしている人。「おじさんお元気ですか」「おお元気でやっとるか」。
ドス	刃物のこと。匕首（あいくち）。「ドスを**呑ん**でます」。
渡世人（とせいにん）	博徒のこと。「渡世名」はその人物が名乗っている名前。
土地を売る	地元を逃げ出す。「**下手打**ちました。土地を売りまっさ」。
飛び道具	拳銃，ショットガンなど一般。
取持人	盃事を指揮する重要な役目。
直る（なおる）	組織の直参，直系組長と呼称される幹部に昇格すること。「あの人，上に直るらしいで，大したもんや，若いのに」。
流れ弾	拳銃を発射して無関係な人に被害が及ぶ。「えらいこっちゃ。流れ弾で被害者が出た」。
なわばり	勢力範囲のこと。**【語源】**縄を張って境界を決めたことから。「**シマ**」と同様に関西では使わない言葉。
兄（にい）さん	自分の亭主や内夫などからみた兄貴分のことを指して，女性が「兄さん」と呼ぶ。
任侠	強きをくじき，弱きを助ける精神。ヤクザの建て前。「**侠客**」（きょうかく）は任侠に溢れた男のこと。
任侠右翼	政治結社の登録をし，活動しているヤクザ者。他方，純粋の右翼組織であるが，義侠心がある団体も「任侠右翼」と称されることもある。
姐（ねえ）さん	親分の奥さん（愛人の場合も含める）のこと。「お姉さん」のことではない。親分が親父であるなら，その妻は母親となってもよいのに，ヤクザ社会ではけっして「お母さん」とはいわない。女性に権力を持たせないのがヤクザ社会である。「**姐御**」（**あねご**）となると相当の大物。「極

道の妻」（極妻）といわれるのは，映画だけ。

納会　「事始め」のとき，親分が受刑中で不在であれば，「納会」と称して地味に行事をする。

呑（の）む　武器を隠して持つこと。「**道具**を呑んで待機してます」。

媒酌人　盃事をするとき，その儀式の進行をする。「あの人の媒酌は凄かった。迫力があった」と伝説の媒酌人もいる。

パイナップル　手榴弾。「こんなもん使うたらどれだけの罪になりますねん。心配になってきました」。

博徒（ばくと）　賭博で生計を立てているヤクザのこと。**渡世人**と呼ぶ。

ハジく　拳銃を発射する。普通は相手を撃つことをいう。

バシタ　愛人や女房のこと。**【語源】**立場が下の意味もある。「バシタの女を（寝）取るな」といわれる。

花火　大きな手柄を立てたり，大きく稼いだりする。「ワシももう1回花火打ち上げやな死にきれまへん」。

バラケツ　愚連隊の古称。関東で使用。「私は上方へ流れて来ましたが，昔は東（関東）ではバラケツで名のある男でした」。

バレル　銃口。「誰にバレル向けとるんや」。

ハンシャ（反社）　「反社会的集団（暴力団）」の略語。警察と民暴関係者が使う差別用語。

ヒシモンジ　山口組に敵意を抱く者が口にする。「相手はヒシモンジだ」

ヒットマン　抗争のとき，「**カチ込み**」に行く役割の組員。山之内幸夫元弁護士の小説『悲しきヒットマン』（徳間文庫）から「ヒットマン」といわれるようになった。一部報道機関によれば，相手側では「**コマンド**」と称されていた。

拾（ひら）う　他の組で処分された者を受け入れる。力関係によるが，場合によっては組織をあげての喧嘩となる。「うちの組から処分されてると知っていて，そいつを拾いましたんか」。

武器庫　暴力団の拳銃などを管理する人物をいう。「あの組の武器庫はあの人や」。

双子（ふたご）　本物の拳銃と一緒のモデルガンを「双子」として常に用意しておく。概ね拳銃は密告によって摘発されるので，そのときモデルガンを提出し，「あいつが見たんは，このモデルガンでんがな」と抗弁する。

武闘派　暴力的行動で「**ジギリ**」をかけ，喧嘩抗争を繰り返してきたヤクザをいう。反対に「ハト派」「穏健派」が存在する。

プラチナ　山口組では「直参組員」だけがもらえるプラチナ製の代紋バッチ。ひいては，直参組員自身を指す。「ここのお店はプラチナもごひいきにしてはる」。

ブロック　大組織になると全国に組が多数あるので，一括で統率するよりも，地域的に分割して，そこに最高幹部（若頭補佐等）をブロック長として配置し，合議や通達を決める制度。ほとんどの大組織はこの制度を設置している。「うちは九州ブロックですわ」。

分家　「**本家**」の代紋の使用が認められた独立組織（昔はテキ屋組織に多かった）。**本家**は組長の出身組織（出身母体）。

分解　マニアックな者は，拳銃を「分解」して，各部品を磨き上げる。「こうして手入れしやな落ち着きまへんねん」。

また密輸時に「分解」して持ち込む

ヘイスケ　平組員のこと。名古屋以東で使用される。

兵隊　末端組員のこと。別に，警察官用語では，署内の序列で平刑事のことをいうので要注意。

部屋住み　新米の組員が組事務所内で寝泊まりし，雑用や組長の世話をすること。行儀作法を教え込まれる。休暇や小遣いはもらえるが，途中で逃げ出す者もいる。

ペンシル　ボールペン仕様の拳銃のこと。

放免祝い　抗争で手柄を立てた組員を手厚く迎えること。しかし，これも暴対法で金員を組員に渡すと処罰される。「放免祝いもちゃんとできんとは，納得できん」。

ボーハイ　各都道府県で制定された，暴力団排除条例のこと。

本家，別宅　山口組では神戸市東灘区の山口組本部事務所のこと。田岡一雄（三代目組長）の旧自宅である。各組織には各本家がある。

本腰者（ほんごしもん）　本気で喧嘩ができる組員。

本宅　組長の本妻が住む家を「本宅」，愛人が住む家を「別宅」と呼ぶことが多い。

本部長　組事務所維持の責任者。ナンバー３か４。

マイト　ダイナマイト。

前ある　使用歴（犯罪）のある拳銃のこと。「前のある道具やったらおまっせ」。

マカロフ　ロシア製「**トカレフ**」を真似て中国で作った拳銃。

マグナム弾　弾の中でも強烈な破壊力があると言われている。弾頭の先に十字の切り込みを入れれば散弾効果があるとか言われることもあるが，実際は大した効果はない。

マジモン　本物のヤクザ。「相手はマジモンやぞ」。

間違い（まちがい）　抗争のこと。ヤクザの喧嘩は最終的には，仲裁人が入って「**手打ち**」になる。そのときに,あれは「間違い」だったのだと言えるようにしておく知恵。

マトにかける　標的として狙うこと。

マブ　真正拳銃。「モデルガンやないぞマブやぞ」。関東では情夫のことを**間夫**（マブ）というので注意。

マメ　拳銃の弾丸(実包)のこと(火薬類取締法違反)。単に,「**子供**」ということがある。拳銃とそれに適合じた実包を所持していると罪が重い（銃刀法第 31 条の 3 第 2 項で 3 年以上)。「**子供**を余分につけとってくれ」「親(拳銃本体)と子（弾）で頼みます」と注文する。別に，「マメ」には多様な意味があるので，要注意。

守り料（代）　用心棒代のこと。「**みかじめ料**」というのは警察用語であると思われる。

神輿（みこし）　組長や親分を軽視したとき，下の者が「神輿は黙ってかつがれとけ」などと陰口を叩く。

密接交際者　暴排条例で，警察が通告し，これを受けると公共事業などから排除される。定義自体が曖昧で，警察の胸三寸である。「お前のダチ（友人）や嫁を密接交際者にしてまうぞ」と刑事が恫喝する。

見届け人　「**ヒットマン**」の行動する瞬間を確認する役割の者。途中で逃げないようにするシステムでもある。

名代（みょうだい）　代理。「親分の名代で伺いました」。

面倒（めんどう）み　抗争服役者は勿論，その家族に対しての金や生活費の支援，更に盆や正月には別途の配慮を組織がすること。長期服役中に組が潰れた場合，みじめな身に陥る。暴対法での取締りの対象。

ヤーさん　暴力団員。人差し指で自分の頬面をタテに切る仕草をしてみせ,ヤクザ一般のことを意味することがある。「ヤックン」は若いヤクザ。「わたしの彼氏，**ヤックン**やねん」。警察官は「**ヤーコー**」とも呼ぶ。

ヤクザ　暴力団員。【語源】花札博打で「八九三」の目が出ると二十になり，得点がない（ブタ）ことから，自ら何の値打ちもないものと，へりくだって言ったことからといわれているが真偽不明。

役付　組織内において，何らかの役職がついている組員のこと。

ヤクネタ　組にとってやっかいな存在。邪魔者。覚せい剤のことではないので要注意。

ヤッパ　刃物。関西では「**ポン刀**」ということがある。「相手がポン刀ぬきやがったから，先に蹴り上げたりました」。

ヤメゴク　ヤクザを止めた者。「ヤメ暴」ともいう。「あの人はヤメゴクやぞ」。

指つめ　**エンコつめ**に同じ。刃物で指先（ふつう左手小指）をつめ（切断）て，不始末に対する謝罪をする。「指ちぎる」「**エンコとばす**」ともいう。警察は指詰め行為を強制とし，傷害罪などで上層部を逮捕することもある。

弓引く　仕掛ける。「相手から弓引いてきましたんや」。

養子縁組　他の組の者を了解を得て，自分の舎弟や子分にすること。

らせん　拳銃を特定する弾について「**線状痕**」のこと。警察は，この線状痕を調べる。

ランチャー　ロケットランチャー。

霊代　組長を世襲するとき，既に先代親分が死去しているときは，その親分に代わる人物が霊代となって新組長に組織を継承させる。

レンコン　回転弾倉式拳銃（**リボルバー**）。【語源】弾倉が蓮根のようだから。自動式は**オートマ**（チック）という。「**オートマ**はかむ（つまる）ことがある。ワシはレンコンしか使わん」。

若中（わかなか）　若い衆。役職なしの組員。

腕章　大組織では，慶弔事に各組の「腕章」をつける。現在はこうしたことも少なくなってきた。

10　入れ墨関係の用語

一門　彫師は師弟関係や伝統継承による繋がりで結ばれている。

カイナ　腕のこと。「両カイナに龍を入れてください」。

額（がく）　背中の入れ墨を**ボカシ**で囲み，額に入れたようにする。

キシロカイン　入れ墨を彫る前に肌に吹き付ける液体麻酔。若干痛みが緩和されるが，仕上がりの色がにごるので，彫り師は余り使用したがらないが，「麻酔たのんまっせ」と要求する者もいる。

下絵（したえ）　入れ墨の絵柄が描かれた和紙。これを体に貼りつけ，形をつける。

スジ彫り　外形のスジだけ彫って，まだ色が入っていない彫り。刑務所ではバカにされる。「粋な兄ちゃんスジ彫りで，金が無いのか痛いのか」。

乳巻き　胸部のカイナ（腕）から乳首下まで彫る。乳首の上までしか彫らないのもある。

突き直し　入れ墨が古くなり，色が薄くなったりボケた色彩になってきたので，新たに上からする。

手彫り　「**彫師**（ほりし—先生と呼ばれる）という専門職人に針で突いて入れてもらう。これが医療行為であるとして，医師法違反で取り締まられることがある。「**機械彫り**」もある。原則として時間で請け負う。背中が１時間２万円。腕（カイナ）は１時間１万円ほど。１日２時間程度で完成までに何カ月もかかる。

ドンブリ　全身・足首までの入れ墨。

抜き	背中の入れ墨。「背中いっぱいに抜きで頼みます」と彫師に依頼する。
ネンショーリング	少年院（ネンショー）へ入った者が指（左手の薬指が多い）に指輪状に自分で墨を入れる。
七分（ひちぶ）	七分彫り。ヒジの先のところまで彫る。
眉（まゆ）モン	眉に入れた入れ墨。
胸割り	胸の部分を縦に残して総身彫りする。
モンモン（紋々）	入れ墨。刺青。単に，「**墨（すみ）**」とか「**ガマン**」ともいう。
レーザー	入れ墨をレーザー照射して除去する。無資格の場合，医師法違反。
和彫り	日本古来の絵柄（観音菩薩，不動明王，鯉の瀧のぼりなど多数がある）の入れ墨。これに対して，「**タトゥー**」はワンポイントで若者に人気。
ワンポイント	蝶や花を小さく彫る。

11　賭博関係の用語

アウトまくり　競艇用語。外側から一気にかぶせるように走ること。→インから逃げ。

アガリ銭　勝った金。「アガリ銭を分けよう」。

行って来い　博打で収支ゼロのこと。ここから，シノギのことで経費を使ったのに何の利益もなかったという意味で使用されることもある。「結局，イッテコイですわ」。

インカジ　「インターネットカジノ」のこと。もちろん非合法。インターネットの賭博機を置いた店舗。店舗を持たず携帯電話でアプリを作って客に送信してポイントを売るのが主流になっている。ほとんど客が負けるが，携帯型のこの賭博は天井（制限）が決められていることが多い。「30万円が天井です」。

インから逃げ　競艇用語。内側のコースから逃げること。→アウトまくり

打ち子　客寄せのために，パチンコ店の指示を受け，よく玉が出る台に座ってひたすら打ち続ける役割の者。日当約２万円。

馬に乗る　博打をする者と一緒に同様の張り方をする。「とりあえず馬に乗っときますわ」。

オイチョカブ　博打の一種。「９」に近い数字を競う。

オオガイ　大規模な博打。→**ナイガイ**

オトシ　ショバ代。博打から風俗関係まで使用される用語。「オトシ入れてくれるか」「ウチはちゃんと他に面倒みても

ろうてます」。

オールマイティ　ゲーム機用の丸鍵を改造して，どんな機種でも解錠できるとのふれ込みで売られている鍵のこと。「ほんまにオールマイティかい」「間違いありまへん」。

おり打ち　麻雀。上がるのを諦め当てられないように注意して打つこと。

温泉に入る　博打に勝ってゆっくりくつろぐ。「昨日はゲーム屋でええ目して温泉入ってました」。

カキ子　ノミ屋の店内で客の購入する券の数字を紙片に書きとめる役割の者。

回銭（かいせん）　胴元（博打の開催者）から賭金を借りること。「回銭頼んます」。信用度の大小により，「回銭」の額が決まる。

カチカチ　神戸の博打。

カベ　賭博場でスパイ行為（盗み見）などをして，仲間にサインを送る者。「あいつカベと違うんかい」。

釜あげ　違法ゲーム店などで，機械から現金を引き上げる集金作業。「釜あげに行ってきます」「きっちり計算せいよ」。

カミシタ　手本引きで胴師が札を手拭いの間に挟む。

ガン出し　パチンコ店がサービス営業し，出玉をよくすること。「たこ出し」とも言う。

切る　博打をやめる。

切れ場　花札での用語。山から出る札。

金筋（きんすじ）　本格的な「博徒（ばくと）」。

釘師　パチンコの釘を調整する者。

口（くち）張り　金を出さず口頭で博打を張る嫌われ者。

グラ賽（さい）　仕掛けをしたサイコロ。イカサマに使う。

暗闇の牛松（くらやみのうしまつ）　判断がつかず，迷っている状態。【語源】暗いところでは黒い牛はわかりにくいことから。麻雀をするとき,「ええい！暗闇の牛松じゃ，どうにでもせい」といって牌を叩きつける。

ゲーム屋　違法ゲーム機を置いた店。一般のゲームセンターのことではない。違法薬物の密売人がたむろして客をさがしている店もある。

ゲームを叩く　違法ゲーム店で，ポーカーゲームなどをすること。手でボタンを叩くのでこう表現する。「朝から晩までゲーム叩いてました」。

下足番　「**常盆**」で履き物を揃えたり，盆こざに案内する者。勝ち客から祝儀をもらえることもある。

けったつ　本引きで２枚（２点）張りをする。３枚張り（３点）は91（クイチ），１枚張り（１点）はポンチといって配当は4.5倍。オーソドックスな４枚張り（４点）は「**箱張り**」という。

けん（見）する　博打で勝負に加わらず，見送ること。「今回はケンしときますわ」。

合力（ごうりき）　客に配当金を配ったり，寺銭を集めたりする役割のもの。「さあ，他おまへんか，おまへんか」など絶妙の声音で張り方を誘う。勝負が終わった後，瞬時に配当を計算しなければならないので，一流の「合力」になるのには厳しい修行がいる。

コシャ　小規模な「**常盆**」(週に何回とか毎日開催される)。

こでん　手本引きでの６枚の豆フダ。

ゴト師　パチンコ店や違法ゲーム店などで不正をする者。「ゴト」は「仕事」の省略語。「うちの息子がゴト師の集団に入ってます」。

コロス　博打で再起不能にまで陥れる。多勢で１人の標的を狙う。「あの社長をコロしてまえ」。これは，殺人のことではなく，スッテンテンにすることである。

賽（さい）本引き　昔からの伝統的な博打。サイコロを使用。「６」以上は出目から「６」を引く。「１」か「６」までの出目を当てる。

三人打ち　麻雀で勝負を早くするため，一人が抜けて三人で打つ。特殊なルール。「**サンマ**」ともいう。

シケ張り　賭場に捜査官や敵対者が来ないかを見張る役。**【語源】**博打場を「所」（シキ）と称していたことから。派生して犯罪行為を実行するときの見張り役一般にも使われている。「しっかりシケ張りしとけよ」。

シゴイチ　大阪・西成などの路上で行われている「４５１」の出目などで競う博奕。「今日のシゴイチの上がりはどうや」。

祝儀　ゲーム屋で勝った者が店員に渡す心付け。これを渡さないと「とんでもない奴や」となる。

常（じょう）盆　決まった場所で毎日，あるいは決められた日に開帳されている博打場。警察も完全に放置しておくことはできないので，「**トントン**」を打ち，形式的に摘発する。「そろそろあるで」と情報を流し，「わかりました」と最小限の逮捕者を出す。客はその日に釈放。まさに「**デキレー**

ス」である。

スイチ　1点張り。配当が高い。ここから，博奕以外でも見事にカンが的中することにも使用する。「**ヒネ**が張っとるというワシの予感がスイチでした」。

ズク　紙幣を二つ折りにして輪ゴムで止めたもの。

素見（すけん）　博打しないのに博打場に現れる人物。「また来とるわ。素見のおっさん」。

セル　パチンコの羽根物で，台の隙間から棒状のセルロイドを入れ，操作する。

総長賭博　大物組長らを集めて行われていた博打。昔は開催によって莫大な寺銭が集まった。警察署の目が厳しく現在は開催などできない。死語に近い。

体感器（たいかんき）　パチンコもしくはパチスロの大当たりのタイミングを振動によって教え，有利に操作させるための道具。特に「**ソレイド**」という電子器機はパチスロ遊技機のスタートレバーを周期に合わせて叩くことができる。

代走（だいそう）　本人に代わって博打をさせる代理人のこと。勝負の責任はもちろん本人がとる。野球のピンチランナーとは違う。

タコ負け　博打で大負けすること。

立ち引き　意地を通して勝負する。博打は勝ったときより，負けたときの所作が男を上げる。

タネ銭　博打を張る金。「タネ銭切れましてん。ちっと貸してくれへんか」。

タブ　熊本が発祥。すり鉢にサイコロ3個を投げ入れて「9」に近い出目やゾロ目等を争う賭博。プロの「**タブ師**」は，練習してすり鉢にサイコロを投げ続けている。違法ゲーム店でもひそかに開催される。「タブは喧嘩が強い者が勝つんや」と言われるくらいの喧嘩博打。

旦那芸　素人の博打うち。金づる。「旦那芸で破産しよったオッサンや」。

チェック　ゲーム機を清算すること。「あの店はチェックのときに怖い顔しよる」。

帳付け（ちょうつけ）　客の勝負を記録する係。主に貸金を記載したり，収支を記録しておく。

チンチロリン　お茶碗にサイコロを入れて争う。そのときの音がチンチロと鳴る。「チンチロリンとあの茶碗の音がたまりまへん」。

つぼ振り　サイコロを振る人。「**常盆**」だけの呼称。

ツラ張り　連チャンしているパチンコ台に座って勝負すること。「ツラ張りに乗って勝った」。

鉄火場　賭博場のこと。**【語源】**熱気のある状況から。

手なぐさみ　博打をすること。「**いたずら**」とも言う。「手なぐさみで，ちょっといたずらして遊びました。ほんならいきなり手入れですわ」。

手配博打　主催者が一定の場所にお客を「手配」（招請）して開催される博打。「何日に手配しますんで，ちょっと顔出してくれますか」と勧誘する。客は「**手配客**」と呼ばれる。

手本引き　札を自分で選択する伝統的な博打。「大」「中」を当てる。「ツノ」「トマリ」と普通４枚の札を張る。賽本引きも本引きもルールは同じ。肩の動きで張り客は「**出目**」を読んだり，「**出目**」から次を推理したりする高尚な勝負カンが勝負を決める。「やっぱり手本引きが一番や」。

出目（でめ）　博打で出る数字のこと。「ネ」は，同じ数字が続くこと，「モドリ」はまた同じ数字にもどること。

寺銭（てらせん）　賭博行為の際に上がる収益。【語源】江戸時代にかくれみのとして，お寺で開帳して場所代を払ったからという説がある。「予想より大きな寺銭が上がったのでホクホクや」。

天井　「ノミ屋」が配当する金額の上限。これを決めておかないと「大穴」の的中をされたときに困る。「うちに張ってくださいよ」「お前とこ天井なんぼや」。「**青天井**」は限度額がないこと。

でんすけ（伝助）　公営ギャンブル場近くの路上での賭博。「モヤがえし」（タバコを使ったイカサマ賭博）や詰め将棋を「でんすけ賭博」と総称する。総てイカサマ。

電パチ　「**体感器**」を身に付けてパチンコ店内で電波を飛ばして大当たりさせること。「強烈な電パチで隣の台まで飛びました」。

胴が腐る　「**サイ本引**」，きなどで胴を取っている者が負ける。「胴が生きる」は勝つ。「胴を食う」も勝つことを意味する。

道具札　インチキ札。「道具札で仕事されましたんで，暴れてやりました」

道場　博打場。「タブ道場で徹夜してました」。

ドッコイ　北海道独自の博打。

盗人デラ　他の組織の縄張りで許可も得ず「**寺銭**」も落とさずする

盆中。

胴前　「胴取り」が出す金。あらかじめ決められている。これによってその博打の大小が決まる。

胴を洗う　「胴取り」が勝負を止めること。

胴を取る　「**手配博打**」でサイコロを振ったり，札を引いたりすること。「次はおたくが胴の番です」「ほな胴を取らしてもらいます」。

トトカルチョ　高校野球等において，競馬方式で，優勝校と準優勝校を当てること。つき合いのある者に枠番表を配り，客を集める。「高校野球つき合いで頼みますわ」と誘う。

通し　イカサマのサイン。麻雀賭博などで「通しを使うか」。

図利（とり）　賭博の開催者，胴元。主犯である（刑法186条2項）。「図利」以外では，客が「常習賭博」（同法186条1項），「**合力**」などの関係者は，同条2項の「幇助犯」となる。

トロ　博打での借金で清算していない金のこと。ここから，博打に限らず違法取引一般の場合でもいう。「あそこのゲーム屋にはトロがあるさかい行けまへんねん」。

ナイガイ　中規模な博打。→**オオガイ**。

中盆（なかぼん）　胴と客の間に入り，カスリを取ること。

ニギる　個人同士で賭けをすること。「今日のボクシング，どっちが勝つかニギりまへんか」。別に，捜査官が犯罪の一部を取引の結果，不問にすることを「**ニギる**」というので要注意。

逃げ屋　競輪用語。追い抜こうとする選手を牽制し自分もまくりに行くこと。

ねぶる　奪う。「博打で小遣いをねぶりに行きます」。

寝る　張るのを休む。博打は勝ったときよりも，負けた時の所作が男を上げると言われている。つまり潔く引き上げる。

ノミ（呑み）屋　公営ギャンブルを私的に利用して商売する犯罪（競馬法，自転車競技法，モーターボート法の各違反）。顧客を集め，張り手から注文を受け，的中すれば配当を渡す。その仕事をする店舗を「**ハコ**」という。「**ハコ**」の意味は多様である。

ハイエナ　ゲーム屋や違法ネットカジノで後から来店し，前に叩いていた者のゲームをし，勝ち逃げをする者。「あいつはハイエナばっかりしやがって」。

ハイナシ　無銭で博打をすること。関東方面で使う。「ハイナシでいくか」。関西では，「**銭（ゼニ）ナシ**でいてまうか」。

ハカ行く　博打で負けてスッテンテンになる。**【語源】**墓に入るしかないから。「えらいハカ行ってもうて，嫁に怒られましたんや」。

ハグリ　博場荒し。「ええ根性しとる。あそこの賭場をハグりよった」

走（はし）り　雑用係。「**図利**」の幇助犯。おしぼりやお茶などを出すときにもタイミングを見極めなければならず，なかなか難しい。別に「**パシリ**」と呼ばれるのは修行中の若者。

場銭（ばせん）　賭博をしているその場にあるお金。「場銭をさらいました」。別に，テキヤの露店の「**ショバ代**」の意味にも使うことがある。

パチプロ　パチンコあるいはパチスロからの収入だけで生計をたて

	ている者。
バッタ巻き	関東の盆でする本格博打。
花会（ハナカイ）	本格博打の開催。
半ちょう乗り	博打で半分だけ相乗りする。ここから，別に薬物の仕入などのときにも「半ちょう乗りまへんか」「頼んます」といったやりとりがなされる。
ハンデ師	野球賭博で，試合の「ハンデを切る」者。「巨人阪神，巨人から 1.5 ですわ」というのは，巨人が 1.5 点を阪神に与える。
ブー麻雀	店を構えて行っている特殊なルールの麻雀で，「マルエー」という一人浮きを狙う。
分（ぶ）落とし	野球賭博で，客を紹介した仲介者等に配当を渡すこと。
札を吊（つ）る	「サイ本引き」賭博などで札を隠し持つこと。「あいつは札を吊り，仕事をしよる」。つまり「**イカサマ師**」である。
ぶつ	関東地方では，博打は「打つ」ではなく，「ぶちに行く」と言うことがある。
盆ござ	本引きが行われる白布の場。
盆付	賭場に常駐する者。
盆守（ぼんもり）	博打場では「賭場荒し」が出ることもあるので強力組織が後楯をすることがある。「あそこの盆はワシとこが守りしてまんねん」。別に，賭客の不正行為の監視を行う者をいうこともある。
曲がり屋	博打で損ばかりしている者。「あの曲がり屋みたいになったら終わりや」。
不見てん（みずてん）	札を見ずにカンだけで思い切りよく張る。ここから，こ

の博打用語が一般に使われ，カンで行動することをして「不見てんでいこか」といわれる。

目腐れ金　借りたくもないが，胴元から仕方なく借りてしまうわずかな金。

目安札　１から６までの数字を表す木札。胴師は手拭いの中に挟んだ札の数字をまず木札から取り右端に置く。そして紙下を開けて数字を見せる。木札と豆フダが合っていなければ「**チョンボ**（失態)」となり，全員に客が張った金をつけなければならない。

もうろう博打　あちこちの博打場を回り，誰にも相手にされない者。「もうろう博打をぶちやがって」。

木札（モクフダ）　盆布の上に並んでいる木の札。新しい出目を右にして並べてゆく。これで出目がわかる。

ヤミスロ　非合法のスロットマシーンやパチスロを置いた店。

ヤミ雀荘　風俗営業法の許可を得ずに営業している麻雀店。

レート　麻雀での掛け率。100卓棒200円リャンピン。1000卓棒1000円デカピン。

ロム　パチンコの台に入っているコンピューター基盤。店員と組み，これを交換をして出玉を多くする（窃盗罪)。「どこかロムを入れさせてくれる店知りまへんか」。

12　風俗関係の用語

家出系　ネットで「家出している子，連絡下さい。当方は紳士ですよ。何時でもＯＫ」と掲示し，家出少女を家に泊めてやる。「ええＪＫ（女子高校生）を拾いましたわ」（児童福祉法違反，未成年者誘拐）。

裏ビデオ　非合法のわいせつＤＶＤ（刑法175条の対象）。宅配型販売，郵送型，店舗型等がある。

ウリセン　女性や男性に身体を売る男。ゲイ専門のスナックなどから連れ出す。女性の売春と違い，料金が安い。

援助交際（エンコー）　女性が金銭を目的として性行為やデートを行う交際の形態。

援デリ　女性からの「**援助交際**」の申込みであるように装って男性客を誘い，デリヘル嬢を派遣して売春させる商売（売春防止法違反）。【語源】援助交際デリバリーの略。

大人のパーティ　有料の乱交パーティの意味。悪質なパーティになると，男性４人か５人に女性が１人の割合。

親子どんぶり　同時期に母親と娘の両方と肉体関係をもっていること。「いつバレるか。この緊張感が親子どんぶりの醍醐味です」。

亀甲（きっこう）縛り　「**縄師**」の縄技術の基本中の基本。「縛りは亀甲に始まり，亀甲に終わる」。

客付け　女性を男性客と会わせること。

客トビ　客が逃げること。「サービスが悪いから客トビが続くんじゃ。しっかりせんかい」。

客取り　男性客を見つけること。

キャッチ　路上で客を誘い，風俗店に案内する者（客引き禁止条例違反）。「**キャッチ**から叩き上げて店を出しました」。

業者　個人の女性を偽装し，女性と客を会わせ売春させる組織的売春業。

食いつき　サクラに騙され，その気になっている客に対してサクラが「**食いついて**きてます」と責任者に言う。「よっしゃ！暫く引っ張れ」。

契約奴隷　ネットでＳＭ愛好者が金で契約を結び，主人が専属的な奴隷を調教する。「実は**契約奴隷の女**を一人持ってます」。

こぶ巻き　着物姿の女性と性行為をする。「今日はこぶ巻きで楽しもう」。背後から性交するのは「**孔雀**」（くじゃく）。

ゴム　コンドーム。「**スキン**」ともいう。「病気怖いからゴムつけてや」「**ミテコ**のくせにえらそうな口をきくな」。

サクラ　サイト業者が女性を雇い，会いもしないのに，さも会うような掲示をして客を集める。「またサクラに騙された」。

サポ　サポート。ゲイでの売春に使われる。「サポします」。

ＪＫ（ジェイケイ）　女子高校生。どう見てもＪＫに見えない女性もいる。「お前ほんまにＪＫか」と客が怒る。

直引き（じかびき）　個人でサイトに登録し，客を取る女性。あるいは，路上で客を探す女性。路上の直引きは，大阪・梅田の泉の広場が最も有名。難波や天王寺にも多い。「にいさん。ちょっと遊べへん」と声を掛けてくる。

熟女系　年配の女性を集めた風俗店。「あのうれきった肌が興奮します。青くさい女よりも熟女が一番です」。

ジョソコ　女装する男性。「女や思うてラブホに連れ込んだらジョソコでした。「ジョソコを見抜けなかったのか」「面目ないです」。

女郎の玉ぬき　風俗から女性を引き抜くこと。「女郎の玉ぬきみたいな真似をしくさったから，喧嘩になったんです」。

スカウト　女性を引っ掛けて風俗店に紹介し，礼金をもらう仕事。直接，他店に客として行って引き抜きをする場合もある。

スッポンかます　待ち合わせをしても来ない，行かない。「またスッポンかまされた」。出会い系サイトでは圧倒的に女性の方がスッポン被害に遭っている。「男は嘘つきばっかりや。どれだけスッポンかまされたか」。

スマタ　女性器に挿入させていると見せかけて，実は太股の間に男性器を挟み射精させるテクニック。

ズリネタ　オナニーに使うエロ本やＤＶＤ等。「**オカズ**」ともいう。

スワッピング（ＳＷ）　お互いのパートナーを交換して性行為をすること。「古女房をエサに若い女とできる。たまりまへんで」。

聖地（せいち）　ＳＭのメッカのこと。東京なら五反田。大阪なら十三。

送迎（そうげい）　風俗嬢の送り迎え。「うちの店は**送迎**します」。

タチとネコ　レズビアンの男役と女役。ゲイの場合は「**セメ**」と「**ウケ**」と言う。

チェンジ　気に入らないデリヘル嬢がいたら「チェンジしてくれ」と客が店に言う。「お前はチェンジばっかりや。もっとベッピンに見えるようにせい」と店長が怒る。

茶ひく　客がゼロのこと。「**ボウズ**」とも言う。「茶ひかしてすまんのう」。店長がデリ嬢に謝る。

チョンの間　大阪・飛田新地などの遊郭で15分間1万円程度で遊ぶこと（本番ありだが，なぜか売春防止法違反の取締りはなされていない）。

出会い系　インターネットのサイトで連絡をとりあって売春をする。出会い系サイト規制法（インターネット異性紹介事業を利用して児童を誘引する行為の規制等に関する法律）で取り締まられる。

出会い系喫茶　男女が出会うことを提供する喫茶店。男性は有料。女性は無料。ここで各自が交渉し，1万円から2万円で近くのラブホテルに行く。

デートクラブ　新聞やチラシで広告を出し，客に女性を紹介する。本番あり。①派遣型デートクラブ（ホテルに直接女性が行く）と，②待ち合わせ型デートクラブ（服装などを告げ，路上等で待ち合わせてホテルに行く）がある。

出禁（できん）　すじの悪い客の入店を断ること。「あいつは出禁にしとけ」。

テク　性サービスのテクニック。「**ミテコ**や思うてなめとったらあかんで。うちのテクは秒殺でイカすで」。

手コキ　女性が手で男性器をこすり，射精させる性的サービス。中国人女性はこれを中国語で「**打（だ）飛機**」という。他にも「**髪コキ**」（髪で男性器をこする）などがある。

手配客　風俗店で金を払わず「**乗り逃げ**」をして捜されている者。博打の「**手配客**」とは全く別である。

デブ専　巨大な女性，肥満女を集めた風俗店。「デブ専で大きなケツで顔を圧迫してもうて窒息する寸前になるのがたまりまへん」。

テメコ　若い女性が使用する言葉で，手でする性行為の意味。関東では「**手マン**」という。出会い系でホテルに行き，セックスを求めたら「うちは未成年やで。ポリにパクられるで。テメコで辛抱しとき。余計なこと喋ってんとさっさと出し」と脅迫する少女もいる。

デリヘル　派遣型デリバリーの風俗店。警察署に無店舗型性風俗特殊営業（風営法 31 条の２）の届出をする。

テレクラ　テレホンクラブの略。最近は，出会い系サイトに押されて廃業が続く。「もうテレクラの時代やない」。

どM（エム）　マゾヒズムの極端な女性や男性。「**真性のエム**」とも呼ぶ。

ドライバー　デリヘル嬢を「**送迎**」する運転手。デリ嬢に手を出してその事実が露見したらヤキをいれられる。

生脱ぎ　その場で脱ぐパンツ。「ＪＫの生脱ぎ買って下さい」。

縄師　縄で女性を縛る芸術的なプロ。積年の修行がいる。「弟子にして下さい。縄師になりたいんです」。

ニューハーフ　元々は男性であるが玉ぬきをし，乳部を整形でふくらましている。男性器は「**サオアリ**」と「**サオナシ**」に分かれる。「**オカマ**」は玉もサオもあり，単に化粧をしてカツラをかぶっているだけ。

ヌク　射精すること。「口でヌイてくれ」。

ネカマ　「**ネットオカマ**」の略語。ネット上で女性のフリをする。「あのサイトはネカマばっかりで話にならん」。

寝取られ　自分の妻や恋人などが他人に凌辱される姿を見て興奮する趣味のこと。

寝る子は育つ　ホステスの世界で，身体を売って客と交際する女性は成長・発展するといわれている。

乗り逃げ　楽しんだあと金を払わずに逃げる客。「**やり逃げ**」も同じ。「乗り逃げの常習や。他の店に手配回しとけ」。

ノンケ　ゲイではない男性。「ノンケの男性を好きになっちゃった」。

パイずり　女性が乳の間に男性器を挟み込み，こすりつけるサービス。「ペチャパイはキャンセルや。パイズリして欲しいんや」。

爆乳（ばくにゅう）　乳の大きな女性。「爆乳の女を頼むで」。「**貧乳**」の反対。

ハコヘル　店舗型性風俗特殊営業（風営法27条）。店舗を構え，手や口を使い射精させる。「**本番**」（性交）はない。

罰金　客が「**本番**」を強要したら強面の店員が出てきて「お客さんルール違反です。『罰金』を払わないと。警察署に突き出しますよ」と脅して金を取る。これを専門にする店もある。

ハッテン場　ゲイが集まる場所。大阪・新世界の映画館や天王寺区の一心寺近くなど数多くある。

パネマジ　女性紹介パネルの女性の写真に修正を加えて美しくみせていること。**パネルマジ**ックの略語。

パパ活（かつ）　若い女の子が年上の男性と食事やデートをして経済的援助を得る行為。

ハプニングバー(ハプバー)　男女が入り乱れて性行為をする。見知らぬ男性と女性がマンションの一室を改造した店で出会う。

バンス　風俗店やソープランドで，女性が働く前に「前借り」すること。支度金とは別で，必ず返済しなければならない。この「バンス」を称して「女を売る」と表現することもある。

パンマ屋　「パンパン」（売春）とマッサージを兼ねた売春業。一応マッサージ業で登録。

フェラ　口淫。フェラチオの略。オーラルセックス。「**イラマチオ**」はノドの奥深くに男性器を入れる。「**バキューム**」は,「ズボズボ」と音を立てて激しくする。

フケ専　ゲイ専用のことである。「**フケ**」を誤解して，「これも熟女やろ」と思い込み，来店すると男性が出てくる。

プチ　「**本番**」なしのこと。「プチでええから稼いでこい」。

ポイント　出会い系サイトで女性とメールの交換等に要する費用。コンビニで「**ネットマネー**」を購入して登録する。ネット管理業者はサクラの女に「どんどんポイントつかわせよ」と命ずる。

ホスト狂い（ホス狂）　主として風俗嬢がホストクラブの男性に**ハマッ**てしまい，大金をつぎ込むこと。

ホテヘル　無店舗型性風俗特殊営業（風営法 31 条の 2）。店に客が行き，女性を選び，店が指定するラブホテルに行き遊ぶ。一時代前の「**ホテトル**」や「**マントル**」では「**本番**」（性交）があったので取締りが強化され，営業できなくなった。ラブホテルと提携契約していると実質的には「**店舗型**」（風営法 27 条）とみられることがある（届出がないと違法）。

本番　性行為そのもの。（売春防止法違反）最近，「**基盤**」ともいわれる。

ポン引き　客引きのこと。

マグロ　積極的に性的サービスをしない女性。「**地雷**」（じらい）ともいう。「あの店の女は**マグロ**ばっかりや」。別に，睡眠薬等で客の身ぐるみをはがしてしまい，路上に放置することを「**マグロ**にして放ってこい」というので注意。

マニア系　サイトで「ＳＭサイト」，「家出少女サイト」等の特殊のサイトをいう。犯罪の温床になっている。

まわし　他の風俗店から女性を借りること。「今日は忙しい。あの店から女まわしてもらえ」。

ミテコ　18 歳未満の女性（児童福祉法違反。児童買春，児童ポルノに係る行為等の処罰及び児童の保護に関する法律違反。対象は「児童」という）。【語源】「身分証明書を呈示できない子」から。

モグリ　ひそかに行っている売春業者。「うちはモグリやから，なんでもしまっせ」と「モグリ」を逆手に取る者もいる。一般に「モグリ」とは，その業界の常識を知らない不心得者。

ヤリ手ババア　大阪・**飛田新地**等の遊郭で路上で客を誘い歩合制で店に送る老女。「**引き子**」とも言う。「にいちゃん。男前やな。どや，ええ子おるで。遊んでいきいな。サービスさせるから」と誘い込む。

諭吉（ゆきち）　ネットでの隠語。１万円札のこと。「諭吉２人」は２万円。「諭吉と子供」は１万何千円。学問のすすめどころか，

ＪＫや学生がこうして売春をしている。

妖怪通り　大阪・飛田本通の外れにある年配の女性ばかりの遊郭が並ぶ一角をいう。反対に若い女性ばかりの「**青春通り**」もある。「**嘆きの壁**」もあり，昔，女性が逃走できないように壁を設けていたその名残。「この**嘆きの壁**にいくばかりの女の涙が染みついているか」。

ロング　長時間デリヘル嬢と遊ぶ上客のこと。「**ロング**やから大事にせいよ」と店長がデリ嬢に気合いを入れる。

割り切り　ネット上では，「**援助交際**」の言葉が使えないので，「割り切り」という。「**イチゴ**（1万5,000円）で割り切り希望。お待ちしています」。

13　テキ屋関係の用語

＊的屋（テキ屋）は**香具師**（ヤシ），ともいわれ，もともと神農（しんの）の神を祀る露天商の職業集団である。ヤクザには，博徒系と的屋系があるといわれているが，的屋自体はお祭りなどに出店を出すのが本業であり，犯罪とは関係がない。独特の文化を築いているグループである。

アカタン　金魚。

アゲチカ　風船。

アトバ　お祭りなどの屋台の後も継続して店を出す。「ここはアトバでもやります」。

アラネタ　新商品。「これはよいアラネタだ」。

オコノ　お好み焼き。屋台でも格式が高い。

ガミ　損をする。「ガミ踏んじゃったよ」。

ガリ　最も悪い場所。「こんなガリではどんな**サンズン**（屋台）でもダメだ」。

キャ（CYa）　客。薬物を買ってくれる客として使われるが，本来はテキ屋用語。

クリカイ　替える，交換する。逆語の一種。「**アラネタ**とクリカイだ」。

グル　帯（おび）のこと。「一味」とか「共犯」の意味で使用されているが，元々はテキ屋用語。

コマス　だます。「コマされました」。

コミ　含めて，合同でする。「コミでいきまひょか」。

コミセ　露天。「俺もコミセを出せるようになりました」。

コロビ　ゴザを敷いて「**バイ**」する。

サンズン（三寸）　屋台。「軒下三寸借り受けまして」。

ジク　抽選，クジの逆語。「ショバ（場所）はジクで」。

シャ，ジン　人，身内。本来はテキ屋用語。刑務所では「舎（シャ）を組む仲間を固める」。

ショバ　場所の逆語。

神農（しんの）　古代中国の三皇五帝の一人である炎帝神農のこと。人々に医療と農耕を教えたとして崇拝されている。神農さんというと，テキ屋一般をいうことがある。

スイチカ　水風船。「アラネタはスイチカです」。

タカモノ　見世物興業。現在では絶滅に等しい。

チカ　風船。

地割り　露天での配置図面である「**タカマチ**」を仕切る人がいて，割り振りする。

テキヤ（的屋）　【語源】当たればもうかることからといわれるが不明。

デンキ　綿菓子。

トモ　原価。

ナカヤマ　おでん。

ナシ　品物の逆語。屋台の商品のこと。

庭場　テキヤの縄張り。

ネキ　飴。

バイ　商売すること。

ハボク　盆栽。

ハラアカ　西瓜。

ヒツジ　白紙。

ヒラビ　縁日に対して平日のこと

ビンコロ　コーラ，ラムネなどの瓶関係。

ホントバ　露天で最も良い場所。「ホントバで**バイ**(販売)しました」。

モヤ　煙草（この販売は違法）

ワッパ　露店で売る指輪のこと。手錠とは異なる。

14　若者関係の用語

あーね　ああそうだよねの意味。

アキバ系　ミニスカ、コスプレの女の子。

アザッス　ありがとうございます。

アテンド　ヤクザの世話係。「お前，今夜はアテンドや」。

アミーゴ　友達。【語源】ポルトガル語から。

イタイ　格好が悪い。見ていられない。「あんな事件を起こしてイタイ奴です」。

裏バン　影の番長。「あの人はおとなしそうだが裏バン張ってはる」。

エモい　心が揺さぶられて何ともいえない感情になること。【語源】英語 emotional から。

エロカワ　エロくてかわいい女性。「わたしエロカワって言われます」。

同中（おなちゅう）　同じ中学校の出身者。

ガクブル　ガクガクブルブルとびびり縮み上がる。「カマシをいれたら相手は一発でガクブリましたわ」。

カゴ落ち　ネットで買い物をするがカゴに入れるだけ入れて買わない。

カスる　聞こえる。「そんな噂がカスっとる」。

ガタイ　体格。「うちの彼氏はガタイがええねん」。

ガチ　本当。「ガチの話ですよ。金になりますよ」。

キカイ　派遣社員。「いつまでもキカイなんかやってられないよ」。

キモ男　気持ちの悪い男。

キャベツ	個性がない。「近頃のメンバーはキャベツばっかりやな」。
ギャル	若く軽いが健康的で元気のいい女性。【語源】英語のgirlから。「**黒ギャル**」は日焼けさせたり，そのような化粧をして肌を褐色にしているギャルのこと。
キング	半グレの大将。「**サブ**」は２番手。
クサ（草）	笑いを表すネットスラング。草wwwは「ウケる」という意味になる。
クダリ	話。「結局元のクダリになった」。
グリ下族	大阪道頓堀のグリコのネオン看板の下にたむろする若者。
ゲスト	客。先輩。「今日のゲストは大事だから慎重に接待しろよ」。
刺さらない	全くうけない。「お前は何をやっても刺さらないな」。
サブカル系	少数派でマニアックなものが好きな女性のこと。
シャカシャカ	アクリル，ビニールなどで製造された上下のスエット。【語源】動くと「シャカシャカ」と音がするから。
しゃばい	根性ない。のりが悪い。【語源】娑婆（仏教用語）から。
ジャンキー	薬物中毒者。「大物のジャンキーだよ」。
ジャンク	潰す。「あの車をジャンクしとけよ」。
シュッとした	細くハンサムでスマートなこと。
地雷系	見た目は普通だが，実際は面倒な性格の女性を表す語。
シラこい	トボける。白々しい。「シラこい奴や。認めやがらん」。
知らんけど	自分の言っていることに確認がもてないときに会話のむすびに用いる。責任回避でもあるが，波風を立てない配慮がある。
シンクロ	仲良くする。「これからはシンクロでよろしく」。
スジ盛り	スプレーと櫛を使い，髪を逆立てる。

セーシャ　正社員。「俺，やっとセーシャになったよ」。

セキュリティ　半グレの用心棒。「うちのセキュリティを呼ぶぞ」。

セッター　タバコのセブンスター。

Z（ゼット）世代　1996年から2012年に生まれた若い世代，生まれた時点でインターネットがあり独自の価値観をもつ。「オレらZ世代やからな」

ゼロピア　ピアスをどこにもしていないこと。「いまどきピアスなんかダサイだけ。ゼロピアこそピュアです」。

栓（せん）ぬける　爆発する。「俺も栓ぬけて殴り込みました」。

それな　「そうだよね」と相づちをうつときに使う。

ダッシュ　万引き。「コンビニでダッシュいこか」。

ダベる　喋る。話し込む。「朝までダベってました」。

タムロする　集合する。

タンコロ　単車。「タンコロころがして来ました」。

チョベリバ　超ベリーバッド。最悪。

チラガン　ちらちらとガンを飛ばす。「なにをチラガン飛ばしてんだよ」。

チルる　まったりする。「今日はふたりでチルるか」。

ツマム　逮捕。「うちの仲間がツマまれました」。

デコピン　私服警察官。「ありゃ間違いなしにデコピンだよ」。

トーヨコキッズ　東京歌舞伎町の東宝ビル付近に溜まる若者。

ドランカー　酔っ払い。「また，あのドランカーが来たよ」。

トロける　ブレる。

なごむ　遊ぶ。「今日，なごもうか」。

ナル　なるほどという相づち。

パイセン	先輩（逆語）。
バサキ	バイト先の略語。「今からバサキに行く」。
ハズい	恥ずかしい。「そんなハズいこと嫌です」。
ハナクソ	チンピラ。
パープー	あほ，ばか。
パンイチ	パンツだけの姿。
ピエン	（SNS 用語）泣いているさまを表す擬態語。ちょっと悲しいということ。
ピリピリ	炭酸。「ピリピリ買うてこい」。
ヒルズ族	東京六本木ヒルズにたむろする者ら。
フカス	嘘をつく。「またフカしやがって」。
ブンチン	抑止力。「あいつのブンチンは○○組や」。
ポチる	ネットで買い物をする。【語源】漫画「ヤッターマン」の悪党一味のボヤッキーが「ポチッとな」と言ったことから。
前のめり	入れ込む。
マクド	ハンバーグのマクドナルド店の略語。
マチキル	待ち合わせする。「午後５時にマチキルか」。
マシマシ	増えていくこと。「シノギはどうや」「マシマシになってきてます」。
ミスド	ミスタードーナツ店の略語。
ムズい	難しい。「ちょっと，これはムズいよ」。
雌鹿（めじか）	面倒を見ている半グレの店。「どこのめじかに見て貰ってるんだ」。
モトヤン（元ヤン）	過去，少女時代「ヤンキー」だった。

モバイル	携帯電話による違法カジノゲームをモバイルと称する。
モンスター	化け物，すごい人。「あの人はモンスターや」。
ヤンキー	不良行為的な志向を持つ若者全般をさす。
リスカ	リストカットの略語（和製英語）。自分の手首を傷つける自傷行為。原因はさまざまで冷静に対処する必要がある。
リミッター切る	我慢できなくなり，力以上のものを出して喧嘩や暴れ回る。「俺はリミッターが切れました。とことんやりますよ」。
ワンパン	ワンパンチ。「ワンパンで倒しました」。

15　暴走族関係の用語

あおる　前の車の後にぴったり付いて走行し，前の車をやむなく高速で走らせるイヤガラセ。

足回り　タイヤやアルミホイールのこと。「**足回り**はしっかり固めとけよ」。

アタマ（頭）　暴走族のチームリーダーのこと。関東では「**総長**」と称する。

イレブンスリー　毎年11月3日に大阪府堺市方面で開催される暴走族の祭。伝説の暴走族「イレブンスリー」から。

うんこ座り　暴走族がコンビニの前などで，しゃがんでとぐろを巻いて座る姿。じろじろ見ると「オッサンなに**メンチ**切っとるんや」となる。

エアロパーツ　暴走仕様の車輌。

Nシステム　盗難ナンバーや手配者を探知する自動システム。大きな道路上に設置されている。「ヤバイ。**Nシステム**や。回り道せい」。

おかま掘る　追突する。

カーチェイス　車輌と車輌が競走する。「俺はカーチェイスで負けたことがない」。

街道レーサー　警察と戦う走り屋。「俺は一匹狼の街道レーサーや。**ポリ**には負けんぞ」。

かるがも走法　高速道路の料金所で料金を払わずに「**突破**」する手法。ＥＴＣで先行する正規の車輌の直ぐ後ろに密着して，次々と走行していく。「いちいちその金を払うてられるかい。**ブッチ**なんか当たり前や」。

環状（かんじょう）　大阪の環状線道路。「北浜の魔のカーブは環状の花や」。

関連（かんれん）　関東連合（東京）。警察庁が準指定暴力団とした。東京都杉並区や世田谷区の出身者らが結成した。事業で成功している者も多く，芸能界にも人脈を有する。

気まま暴走　暴走族のチームに所属せず，一人で走る者。

ギャラリー　暴走行為を見物する若者。「ギャラリーが多いのう。気合入れて走れ」。

ケツモチ　単車に乗り，ゆっくり走って警察をおちょくるとき，最後部を走ること。「僕がケツモチ走ります」。暴力団の「**ケツ持チ**」とは全く別の意味。

ゲンチャリ　原動機付自転車。

抗争　暴力団の抗争と異なって，暴走族の場合は，凶器は主に金属バット。「気合入れて抗争にのぞめ。相手チームを叩きつぶせ」。

腰パン　ズボンをずらしてはくこと。「ちゃんとズボンをはきなさい」と母親が注意すると「うるさいクソババア」。

根性焼き　タバコの火を手の甲に押しつけて根性を競う。その火傷の跡。

シャコタン　車の車高を極端に低くした改造車。違法改造を専門にしている業者もいる。【語源】車高短から。

集会　暴走族が集まり，友好を暖めること。

身障者ステッカー　警察が発行する身障者用のステッカーで，これを携行していると路上に駐車しても駐車違反を免れる。コピーして偽造する。

ステッカー　暴走族がチーム名をシールにした物。「ステッカー手に入れへんやろか」と女性に人気のチームもある。

ゾク　暴走族の省略語。「ゾクで走ってます」。

卒業　暴走族から引退すること。次のリーダーにチームを託す継承式を行う。「卒業の引退式や。練り歩くぞ」。

ソリコミ　額の部分を深く剃り上げる。

隊服　集会等で着る戦闘服。攻撃的，過激な言葉を刺繍したりしている。

タイマン　チームを代表して１対１の殴り合いで決着をつける。「ごちゃごちゃぬかすな。タイマンで勝負や」。

竹槍　竹槍状の長いマフラー。「この竹槍には金をかけとる」。

チーム　レーシングカーチームの略。「チームに入れてください」「根性見せられるか」「オス。頑張ります」。

ツルむ　何人かで走る行為。「**ツル**んで走って**ポリ**おちょくったろうや」。

出っ歯　車輌の前に突き出たフロントスポイラー。「見事な出っ歯やろ」。

ノーヘル　バイクに乗るときヘルメットをかぶらないこと。「命懸けで走っとるんや。**ノーヘル**もくそもあるかい」。

ハコ乗り　助手席の窓から身体を出し，窓に座る危険な乗り方。

走り屋　チームに属さず単独で車を飛ばし回る者。「ナゾの走り屋とは俺のことや」。

幅寄せ　嫌がらせで，車を横に寄せて相手をガードレールなどにぶつける。「**ウザ**い奴が横走っとる。幅寄せして**いわし**てまえ」。

フィルム　車の窓に貼って内部を見えなくする黒いスモークフィル

	ムのこと。
ブッチする	通行料金を払わずに料金所を「**突破**」すること。道路設備特別措置法24条3項違反（同法58条で「30万円以下の罰金刑」）。
振り切り	パトカーを振り切って逃走する。「クソポリなんか振り切ったれ」。
ベタ踏み	アクセルを目一杯踏み込んで走る。別に，車の運転だけでなく，「ベタ踏みで奴を捜し出せ」というように，全力で行動する意味で使われることもある。
横乗り	女性を横に乗せる。「俺は硬派やから横乗りはさせん」。
ルーレット族	首都高速道，大阪環状線などを周回する走り屋。
レディース	女性だけの暴走族。「若いころはレディースで走ってました」。

16 韓国・朝鮮語等関係の用語

アパッチ	窃盗集団。【語源】戦後，大阪の鉄クズ泥棒から。「アパッチにやられた」。
アボジ	父親。
オッパ	年上の男性を女性から呼ぶ。
オモニ	母親。
オンニ	お姉さん。女性が，親しい年上の女性を呼ぶときに使用。
韓国クラブ(カンクラ)	ホステスは韓国女性で，民族服の**チョゴリ**を着て接待するクラブもある。
カンペ	韓国のヤクザ。「ワシの兄弟はカンペですわ。韓国に行くときは紹介しますわ」。
韓流（カンリュウ）	韓国のドラマから派生した韓国ブームによる流行物。
ケンチャナ	「大丈夫，何ら問題ない」という意味の韓国語。日本人の間でも流行している。「ケンチャナ，ケンチャナ。いてこましたれ」。
コリアンタウン	大阪では生野区。東京では新大久保。焼肉店や飲食店，飲食物販売店などがひしめき，旅行者には人気スポット。
タンシン	男女とも「あなたねー」みたいな感じでいう。
タンベ	タバコ。「タンベも買えんくらい困ってる」。
チャギ	男女とも友達に対していう。
チャンソリ	文句・苦情のこと。「チャンソリぬかしとったらいてまうぞ」。
チョゴリ	朝鮮民族の伝統的な民族衣装。
チョンベーが回る	酒に酔ってぐだぐだわけのわからないことを喋る。「あ

いつまた『チョンベー』が回ってるで」。

チング　兄貴分，仲間，親友。「ワシとあいつやチングや。日本人も韓国人も関係あるかい」。

チンチャ　予想外だが興味ある話を聞いたときの若い女性の発声。大阪の女の子は「ウッソー」。東京の女の子なら「ホントニー」というところ。

ポッタリ　韓国からニセブランド（コピー）商品を売りにくる人。

ヨボ　女性が夫に対して，「あなた」という言葉。

17　刑事手続及び警察関係の用語

相被疑（あいひぎ）　被害届を双方が出している場合をいう。あるいは，捜査の過程で双方に被害が出ているとき。「ややこしいのう。こりゃ相被疑やないか」。

あか（赤）落ちする　下獄すること。法的には，刑が確定したあと，「**資格異動**」すること。【語源】昔は受刑者の服が赤色だったことから。今は緑色。

垢（あか）落としする　服役を終えてきた者が，暫く遊び呆けること。

アカポリ　女性警察官。

明け（あけ）　当直が終わった翌日のこと。警察官も刑務官も「明け」と称す。「こんなええ刑事はおらんやろ。明けやのに，こうして調べに来たっとる。感謝して素直に喋らな罰が当たるぞ」と刑事は恩に着せる。

足取り　被疑者が立ち寄ったり移動した所を細かく調べる捜査。

預（あずか）り　他の警察署で取扱っている事件の被疑者をそれぞれ分散して，各留置施設に勾留する。留置管理課の係官は，「総員 12 名，預り 2 名です」と毎朝本部に連絡する。

当たりをつける　「すり」が相手に触れて，金品の所在を探ること。ここから，一般に相手の動きを探ることもいう。

後足（あとあし）　犯行後の犯人の行動のこと。

アヒル　制服を着ている階級の低い巡査のこと。アヒルみたいに歩く者が多いので刑事らがおちょくる。

アミを張る　非常警戒は網打ち（**アミウチ**）と言う。犯人を捕まえるために待ち伏せること。

洗う　捜査をする。身辺を調べる。「あいつを洗うて，なんとか**パク**らなあかん」。

イカモノ　前科を持っている者を総称する。「**マエモン**」と同じで「やっぱりイカモノですわ」とそれだけで差別する。

イソ弁　「**ボス弁**」（法律事務所の経営者）に雇われている勤務弁護士。【語源】居候弁護士の略。給料をもらわず法律事務所の一部を使わせてもらっているだけの「**ノキ弁**」もいる。【語源】軒先だけを借りるから。

一番札　指名手配の一番目。多くの事件を起こし，指名手配中の者には，この順番が重大になる。「一番札が兵庫県警や。これを外してくれたらこっち（大阪府警）が楽なんや」。

一部執行猶予　一定の条件がある被告人には，実刑の一部の執行を猶予する制度が新設されている（刑法 27 条の二）。その猶予の期間中は保護観察に付される。さらに，薬物使用の被告人については「薬物使用等の罪を犯した者に対する刑の一部の執行猶予に関する法律―平成 28 年 6 月 1 日施行」があり，「**準初犯**」でなくとも一部猶予が可能である。これを望む被告人も多い。「先生，なんとかして一部猶予をとってください」。しかし，将来保護観察が取り消されることになれば，かえって長期の服役となりうるのでその得失は不明である。

一線ポリ　現場の警察のこと。関東では「**トンビ**」という。別に，「引ったくり」のことを関東では「トンビ」ともいうので要注意。

イモヅル　「次々に」「連続的」の意味。刑事の常套句。「いつまで否認しとるんじゃ。イモヅルに引っ張り，おのれのとこの親方までいてもうたるぞ」。

イロ　捜査官の用語で愛人のこと。【語源】色から。刑事は「情婦」という語を多用して，調書にそう記載することで，被疑者の乱れた生活態度を強調する。

V（ヴィ）　（検察用語）被害者のことを検察官はVという。Victimの頭文字から。

ウサギ　脱走犯。これが出ると大不詳事となる。「ウサギがでたらしいぞ」と，それが他の所轄署なら，逆に「**ヘタ**（**下手**）打ちよった」と大いにおもしろがる。

うたう（歌う・唄う）　捜査官に対して供述すること。【語源】もともとは「転（うつる，うたた，ころぶ）」の意味と思われる。とりわけ自分以外の関係者についてまで供述してしまう場合に批判的に使われる。捜査官の側からは「**吐かせる**」「**割る**」「**うたわす**」「**落とす**」という。「ポリの奴がえらい剣幕で，うたわな親分パクるって怒鳴りつけてきますねん」。関東ではなぜか「**ゲロる**」という。

打たれる　裁判所で判決を宣告される意味で使われる。「先生，求刑は５年として，何年打たれますやろか」。「うーん，**ニギリ**はないやろ」。

打ち上げ　事件が解決したとき，「**帳場**」で乾杯し，二次会へ向かう。大阪府警は，「**府警節**」という応援歌をうたう。「ここは摂津のナニワの都，ナニワになびたる大阪府警……」。大事件を解決したら肩を組み，府警節をうたい，涙を流すこともある。

裏取り（裏付け）　供述者が真実を語っているか確かめる。「心配するな。裏取ったる」と言って共犯者を仲間割れさせる。

A（えー）　（検察用語）被疑者・被告人のことを検察官はAという。Accusedの頭文字から。

AQ（えーきゅう）　（検察用語）被告人質問のこと。Aへの Quetion から。

SP　（検察用語）副検事のこと。Sub（サブ）の Prosecutor。関東ではVicez（副）からVPという。

X（エックス）デー　逮捕する日。「Xデーはいつや」

応援　職質で頑強な相手の場合，警察官が「応援を呼べ！」と叫ぶ。

オシドリ　二人で組む**スリ**のこと。夫婦の「**パンサ**」もいる。

落ちる　自白する。完全に供述するのを「**完落ち**」，中途半端なのを「**半落ち**」という。自白させるのがうまい刑事は「**落としの名人**」といわれる。「健康状態はどうや。風邪ひいてないか」と手練手管の刑事は必ずこうした優しさを見せる。

おとり捜査　捜査機関またはその依頼を受けた「おとり」が，その身分や意図を相手方に隠して，犯罪を実行するように働きかけを行い，相手方がこれに応じて犯罪の実行に着手したところで逮捕するなどの捜査手法を指す。麻薬及び向精神薬取締法や銃刀法などには，おとり捜査を許容する規程が設けられている。刑事弁護人としては犯罪を誘発する違法な手法に注意が必要である。

オミヤ　未解決事件。迷宮入り。
「こりゃオミヤじゃな，全くわからんわい」と諦めるか，執念深く捜査を続けるかは，いろんな条件によって決まる。

オミヤゲ　本件の取調べが終わっているのに，「他人の犯罪」を喋らせようとする。これをして「オミヤゲ」と称する。「なんかオミヤゲ置いていかんかい。ええ**ネタ**はないんか」と刑事が脅迫する。

オモヤ（母屋）　都道府県の警察署本部。「本社」とも称する。

泳がせる　直ちに逮捕しても余り実績にならないと判断した場合，捜査官は対象者を監視して，尾行し，何ヶ月もかけて同じマンションや近所の家を間借りして対象者が大きな取り引きをするまで気長く捜査を続ける。**キンマやマトリ**の独特の捜査方法，経費も潤沢である。

恩赦（おんしゃ）　司法機関の権限によらないで，国家刑罰権を消滅させ又はその効力を減殺する制度。具体的には，恩赦法に定められており，大赦，特赦，減刑，刑の執行の免除及び復権の５種類が定められている（同法１条）。「先生，皇族が結婚したら恩赦で出られますか」。受刑者はいつも淡い期待を抱く。

ガイシャ　被害者の省略語。「マルガイ」とも称する。「ガイシャのためにワシらは汗を流すんや」。

貝（かい）になる　捜査官に対して全く供述しなくなること。「そこまでいうならオレは貝になるで」。「**完黙**（かんもく）」である。

カオヅケ　可愛がる者に対して利益を与える。「**カオヅケ**や。コーラでも飲め」。

かくし球（だま）　捜査官が被疑者に知らせずに確保していると思われる証

拠。「かくし球が怖かったけど，サツの**カマシ**でしたわ」。

ガサ　捜索差押する。「**ガサ入れ**」ともいう。「サガす」の逆語。令状は「**ガサ状**」「**フダ**」ともいう。

カチコミする　家宅捜索に入る。「きっちり**カチコん**だれよ」と上司が部下に気合いを入れる。別に，ヤクザの「**カチ込み**」は抗争で発砲などすることなので要注意。

カチ割る　自供させる。「カチ割ったらんかい。チンタラするな」との上司の叱咤が部下の捜査員に飛ぶ。

柄（がら）を取る　逮捕する。「今日は４課の**ガラ取り**や。応援に行ってきます」。**【語源】**身柄（**みがら**）から。被疑者のことをまるで物体扱いする。

カリカン（仮監）　かつて大阪地方裁判所本館地下にあった「仮監獄」の略称である。今では新館地下にある大阪拘置所の「**出廷留置場**」をいう。法律上「監」の用語はなくなっているのに，現在も実務では，「**カリカン**」と呼ばれている。弁護人は公判の前後にここにある接見室（４室）で接見できる。被告人にとって大切な接見の機会である。

カンヅメにする　被疑者を取調室に出さず，留置施設の中に長く置いたままにして苦しめる。被疑者にとって，取調べのないことの方が苦しい。「いつまでも否認しとけ。カンヅメのままにしとったらあ！」。他方，「畳が腐るまで座ったる。**カンヅメ**なんかに負けるかい」と性根が座っている者もいる。弁護人は，被疑者の留置状況を把握し，適宜激励することが必要である。

鑑（かん）取り　交友関係の捜査。聞き込み。

還付手続　家宅捜索などで押収した物品を返還する手続。これが煩わしい。細々と「切手が 10 枚……ええか見とけよ。1 枚，2 枚……」といちいち数える。

かんもく（完黙）　「完全黙秘」の省略語で「黙秘」（憲法 38 条 1 項，刑訴法 198 条 2 項，311 条 1 項）を続けること。本来は供述調書に署名・指印をしないだけでなく，一言もしゃべらないことをいうが，現実には雑談に応じて失敗することも多い。また，被疑者の多くは供述調書に署名・指印しないことをもって「完黙」としているが，実際には雑談の中で「ここだけの話でっせ」と喋っている者もいる。弁護人は真の黙秘かどうかを接見の過程で見極めるのが肝心である。捜査員は黙秘者の雑談を「報告書」として書面にする。したがって，雑談にも注意することを弁護人は指導するべき。

管理官　捜査の指揮をとる警視。その上は理事官。

聞き込み　事件現場周辺や関係者の事情聴取に回る捜索。東京（警視庁）では「**地取り**」という。

キップ（切符）　逮捕状や捜索令状のこと。指名手配されることを「**キップがまわる**」という。

逆探（ぎゃくたん）　電話の発信元を捜査官が瞬時に調べる。携帯電話の時代になって死語となるか。

求令起訴　検察官が起訴と同時に身体拘束されていない被告人の勾留を求める手続。一方，勾留中求令状は、勾留事実と違う被疑事実で公訴を提起する場合。いずれも起訴時点であらためて勾留質問がなされる。弁選も改めて作成する必要が生じる。

行儀を教える　取調室に入るときに「失礼します」，調べが始まる前には「休め。気をつけ」と声を出させることを暴力団担当刑事は「行儀を教える」と称する。

兄弟内(きょうだいうち)　刑事間の親しい関係のこと。「ワシとあいつは兄弟内や」と。暴力団のように「兄弟分」ではなく，刑事は「内」と使用することが多い。

キンスジ　警部以上の幹部警察官。

金探（きんたん）　金属探知機。「待て，待て。金探にかける」と警察官が令状もなく強制する。

首なし　拳銃が発見されたが，その出どころが不明なとき。

クロ　被疑者が犯人だと確定させる。「あいつがクロに違いない」と一旦決めつけるとなかなかその線を崩さない。従って冤罪が生まれる。反対は「**シロ**」。

ケイシサマ　大阪では国家公務員になった警視正のことをケイシセイとはいわず，ケイシサマという。

刑事補償・費用補償　無罪判決が確定すると，被告人は抑留又は拘禁の日数に応じて1日千円以上1万2500円の刑事補償を請求できる(刑事補償法)。請求は3年以内にしなければならない。私選の場合，これとは別に裁判に要した費用（弁護費用その他）の補償を請求することができる（刑訴法188条の2）。この請求は6ヶ月以内にしなければならない。

ケツを洗う　情報を集める。「まだまだケツを洗わんといかん」。

検室（けんしつ）　かつては「**検房**」といった。大阪府警では、毎日午後7

時からいっせいにその日の署の「**当責**（とうせき）」（当直責任者）などが留置施設内を綿密に調べる。

ゲンジョウ　事件が発生した場所のこと。現場（ゲンバ）といわない。

犬猿（けんえん）　大阪府警と兵庫県警，警視庁と神奈川県警のように隣接県の警察同士は事件の取り合いや功名心や主導権争いで仲が悪い，といわれている。

ゲンチャク（現着）　現場に到着すること。警視庁では「**臨場**」ともいう。

検調（けんちょう）　検察官の取調べのこと。留置施設から検察庁へ連行される。弁護人は検察庁地下の接見室で接見ができる。

原票（げんぴょう）　事件送致の点数。「**身柄**」１人とるごとに「原票」１枚。ただし３課盗犯係は事件の数だけ「原票」を上げることができる。だから３課は余罪を求める。「捜査の基本は３課に始まり３課に終わる」と３課の刑事は自負している。

ケンメン・インメン　検察官の作成した供述録取書のことを「ケンメン」とよくいう。これは、「検察官の面前における供述を録取した書面」（刑訴法 321 条１項２号）の「面前」の「メン」をとったものである。このような用語は、検察官の面前（密室）で述べられたことがきちんとそのまま調書に録取されているかの如き錯覚を生ずる。調書には本当に被疑者が供述したことが書かれているのではなく、検察官が問い質した結果がまとめて記載されているにすぎない。ましてや、司法警察員に対する供述調書を何の根拠もなく「インメン」などと呼ぶのはおかしい。

検察官が録取した調書だから「検察官調書」、警察官が録取した調書だから「警察官調書」と正しくいうべき。検察官調書をＰＳ、警察官調書をＫＳという言い方もある。

げんりゅう　**現留**（原留）。検察官送致がなされたが，翌日に勾留請求することになり，その夜は留置施設に戻ること。「検調行きましたが，げんりゅうで帰ってきました」。

こう（公）かい　警察署に入ってすぐの場所のことをいう。**【語源】**不明。

公妨（こうぼう）　公務執行妨害の略語。「公妨で引張れ」と強引な職質をしながら逮捕することがある。

勾留質問立会い　勾留質問の際に、弁護人の立会を求めて，くべきである。具体的に「立ち会わせる必要がある」として，認めさせた事例はある（大阪弁護士会・下村忠利弁護士など）。

国選（こくせん）　国選弁護制度の略称。憲法37条3項「被告人が自らこれを依頼することができないときは，国で（弁護人を）附する」となっており、弁護費用なしに弁護人が付く（判決で訴訟費用として負担を命じられることはある）。弁護人を被告人が自ら選ぶことはできないし、国選弁護人も特別の理由がない限り、辞任・解任されないので揉めることがある（刑訴法38条の三）。国選弁護人は、名目のいかんを問わず、報酬その他の対価を受領してはならない（弁護士職務基本規程49条）。

腰道具　拳銃。「**チャカ**」や「**ハジキ**」はヤクザ用語だが，警察官は「腰道具」という用語を使用することが多い。「腰道具を忘れるなよ」

護送計画書　警察署の留置管理係員が，「**検調**」や勾留質問に被疑者を護送する予定を書面にする。「留置管理係から2名，刑事課１名，車輌刑事課配備」のようにあらかじめ計画書を作る。「**検調**」や**勾留質問**には「一日」と「半日」がある。「今日は一日やで。弁当持ち。茶も用意してるからな」と留置管理係員が教えてくれる。半日の場合,「半日やから飯前に帰る予定」となる。

個別（こべつ）
「**検調**」に行くとき，「**集中**」でないときは，１人だけ普通乗用車で護送する。大阪府警の場合，捜査担当の刑事は護送しないことになっている。護送途中，被疑者に対し，「こう検事に供述しろ」とか吹き込まないようにしているとの言い訳である。したがって、留置管理係や総務課の者が護送する。車輌と運転手は刑事課の別の係の刑事が出し，運転する。

コントロールド・デリバリー
おとり捜査に似た手法。泳がせて違法薬物などを届け，受けとるのを見て逮捕する。「クリーンなんとかいって，ややこしい違法捜査でパクられました」。

罪証隠滅のオソレ
刑訴法にある用語ではないのに、裁判官や研究者までがよく使う言葉。正しくは「罪証を隠滅すると疑うに足りる相当な理由」（刑訴法 81 条、89 条など）である。
「**オソレ**」では一般的抽象的な心配を意味してしまいがちで、この語感に影響されてか、実務上も知らず知らずのうちに裁判官の主観で運用されてしまうことがあるので、要注意。少し長いが、「疑うに足りる相当な理由」（略して「**相当理由**」）というべき。

罪状認否（ざいじょうにんぴ）
法的根拠なく「罪状認否」という用語がよく使われている。マスコミ用語としてはともかく、一部裁判官、研究者までが使う。起訴状の朗読後、裁判長は被告人及び弁護人に対し、「被告事件について陳述する機会」を与えなければならない（刑訴法291条4項）。これは、被告事件について陳述する権利を定めたものである。お白洲のように「罪状」といった用語は死語とするべき。

支え（ささえ）　客観的に裏付けできる証拠。「ちょっと**支え**が弱いなぁ」と刑事が呟く。「**足（あし）**」ということがある。

差し入れ　被収容者に対し，警察署や拘置所において，衣服や書籍を入れるのが、**差し入れ**。逆に被収容者から外部の家族などに持って帰ってもらうのが**宅下げ**。刑事訴訟法では「授受」（刑訴法81条）。となっていて、法律上の言葉ではないが，非常によく使われている重要な実務用語である。「糧食の授受を禁じることはできない」（同81条）とされているが食べ物の**差し入れ**は実際はできない。

サツ　警察一般のこと。

サツカン　警察官が警察官を自称する場合に使用する。省略語。

サッチョウ　警察庁。「あんなもん行政じゃ。我々は命を張って働き国民を守っておる」。出世しない警察官は大いにボヤく。

サンビャク（300）　大阪府警察の警察官を称する隠語。現在（2022〔令和4年〕）においては概ね45歳以上が使っているが，その後の世代では「PM（ポリスマン）」に変更されている。「なにがPMじゃ，ワシらは300じゃ」と頑固者が多い。ちなみに「50」は「急げ，至急」の暗号でもある。

J（じぇい）　（検察用語）裁判官のこと。Judgeの頭文字から。

G資料　ヤクザ関係の情報。刑事は，担当する被疑者の資料を必ず読む。これを活用し，「義理と人情に厚い男らしいな。一目見てわかる。内緒の話やけど，「G資料」にそう書いてある」と巧妙に被疑者を懐柔しながら手の内に入れる。

塩づけ　事件を放置しておくこと。

ジカタ　地元の警察であることを自称「ジカタ」という。

市中引き回す　刑事が被疑者を脅す言葉。「**引き当たり**の名目で，手錠はめて**引き回し**，世間の見せ物にしてまうぞ」。

シャリ抜き　取調べに抵抗して食事を拒否して頑張ること。「**ハンスト**（ハンガーストライキ）」のことである。「**シャリ抜き**で頑張りますから執行停止を頼みます」と安易な考えでシャリ抜きをする者もいる。【語源】舎利は仏陀の遺骨のことであるが，米粒を表すようになった。「**シャリ抜き**ので出てきました」。

収監（しゅうかん）　実刑判決により，被告人を刑事施設に収容すること。「監獄」という言葉は法律上はなくなっているが，「監」という用語がいまも使われている。「はよ**出頭**して収監してもらえ。そうせんと保釈金が返ってこんわ」。

集中（しゅうちゅう）　勾留質問もしくは，「**検調**」のため，警察本部からのバスが各警察署の留置施設を回って，何人もの被疑者を乗せて連行する。「集中」ではないときは，「**個別**」。

出頭（しゅっとう）　被告人の在廷は「出頭」といわれるが、弁護人も「立会い」ではなく「出頭」となっている（刑訴法289条2項）。裁判官と書記官は「列席」で（刑訴法282号）、弁護人と対等な当事者であるはずの検察官は「出席」（同条）

となる。公判調書（手続部分）の記載では，このような用語が用いられている。これとは別に，逮捕状，収監状が出ている人物が，警察署などに自ら行くこと一般をいうことも多い。

準抗告　捜査段階の裁判官や検察官の処分に対する異議申立て(刑訴法429条、430条)。

このことをよく知っている被疑者・被告人もいる。公判段階になっても、異議申立ての趣旨で「先生、すぐ**準抗告**してください」という被告人がいるので説明が必要。

準初犯　前刑の執行終了後５年以上経過していて，執行猶予の要件を満たしていること。「５年すぎて準初犯ですねん。執行猶予ですわ」。楽観的な被告人は弁護人にこのようなことを言う。

条件保釈　保釈には全て条件がつく（住居制限，旅行制限，接見禁止など）。にもかかわらずこのような無意味な言葉があるのは，「**人質司法**」といわれる中で，例えば，「控訴せず判決に服す」といったことを条件にして，短期間でも保釈を認めてもらいたいといった痛切な願いが込められている。「保釈で出して下さい。条件保釈でもよろしいから」。

証拠保全　民事の証拠保全（民訴法234条）とは別に，刑事の証拠保全（刑訴法179条）がある。「被告人・被疑者又は弁護人は，あらかじめ証拠を保全しておかなければその証拠を使用することが困難な事情があるときは，第１回の公判期日前に限り，裁判官に押収，捜索，検証，証人の尋問又は鑑定の処分を請求することができる」。被疑者が取調室内で暴行を受けたときなどに実施された例がある。今後，もっと活用すべきであろう。

上申書（じょうしんしょ）
「請求書」「申立書」のいずれでもないような場合に出す書類の表題を「上申書」とする扱いがよくみられる（例えば「控訴趣意書提出期限延長の上申書」など）。裁判所だけではなく、検察庁に提出する書類まで「上申書」としている場合もある。しかし、「上（おかみ）に申し上げます」というのはいかにも時代錯誤である。ケースに応じて、「**意見書**」とか「**申入書**」「**要望書**」とかにすべきである。

証人テスト
（検察用語）検察官は証人尋問に先だって証人を検察庁へ呼び出し、必ずリハーサルをする。検察官の義務とされている。刑訴規則 191 条の３を根拠とするが、検察官から誘導・押し付けがなされていると思われるケースもあるので注意が必要である。

所轄（ショカツ）
各地域の所轄警察署。「やっぱり本社に行かなあかん。それが俺の夢や」と刑事は本部に憧れる。

職質（しょくしつ）
警察官の職務質問のこと（警察官職務執行法２条１項）。覚せい剤など薬物関係の事件の端緒となることが多い。「今，職質にかかってますねん。助けてください」。

贖罪（しょくざい）寄付
被疑者・被告人が事件への反省の心情を表すために弁護士会又は法テラスに対して行う寄付。「食材」を送ることではない。示談ができない場合や被害者のいない犯罪において被害回復形態の一つとして量刑上考慮してもらいたいときに行う。

しょんべん刑　数年程度の軽い懲役刑のこと。【語源】小便している間に終わるくらいの短い刑から。

仁義を切る　警察官が他府県に捜査に行ったとき，地元の警察署に挨拶をしに行くこと。関東の警察では「**合（あい）つき**」ともいう。被疑者に対しても，「わしは……や」と仁義を切る刑事もいる。これもヤクザにかぶれている。

親戚筋　警察内の班の関係。これもヤクザにかぶれてこうした呼称を使う。「あの班とうちの班は親戚筋や。そやけどあっちの班とは**反目**（はんめ）や」。

吸い上げ　情報収集。「吸い上げが足らん」。

筋（スジ）読み　事件の概略（ストーリー）を刑事が勝手に決める。「**見立て**」ともいう。「筋読みはこうや。**往生**せんかい」とこれに沿う供述を迫る。弁護人は刑事がどのような「筋読み」をしているのかを知るために，被疑者とよく接見する必要がある。

スジとタマ　事件のスジ（筋）は，主張や証拠の整合性。タマ（珠）は，被告人自身の性格，振るまい。「この件は，スジはええけど，タマが悪いわ」。この逆もある。

接禁（せっきん）　接見等禁止決定のこと（刑訴法 81 条）。家族とも会えないのは苦痛であり，制裁的効果がある。「接禁なんか屁でもおまへん。一部解除で潰してください」。慣れた被告人は自分で一部解除を申し立てることもある。解除方法を知らない弁護士は，「お前ほんまに弁護士か」といわれる。刑事弁護人は，不当な接禁に対して闘う必要がある。

SESC（せっく） 証券取引等監視委員会のこと。Securites and Exchange Surveilance Communication の頭文字。

全ボツ 保釈保証金を保釈取消しで全額没取（ぼっとり）されること（刑訴法 96 条 2 項）。

前歴照会 薬物事件での検挙歴を照会する。職質でこれに引っかかると強引な職質が続けられる。裁判所も簡単に「強制採尿」の令状を発付する。余りにも人権を侵害した事案を裁判所が黙認している事実に対しては，刑事弁護士たる者は断固たる姿勢で対応しなければならない。

早期退職 毎年，警察では早期退職を募集する。応募者には，全員，再就職先を紹介してくれる。「これが警察官の恩恵や。どんなアホでも元オマワリさんで再就職先では大事にしてくれる」。他方，刑務官にはこのような恩恵はない。「刑務官みたいな嫌われ者と我々警察官を一緒にせんとってくれ」。

添え書き 供述調書作成の終了時，捜査員が心証を添え書きする。「まかしとけ。深く反省しとると添え書きしたるから，執行猶予や」。このように，被疑者を懐柔する。

即釈（そくしゃく） 警察官が使う言葉。検察官が勾留請求せずに釈放（刑訴法 205 条 4 項）するとき，「即釈や。今回は許したる」とあたかも自分が決定したように恩着せがましく警察官は言う。

組対（そたい） 組織犯罪対策課。

逮捕術 警察官が被疑者等を拘束するときの体系化された武術で，

警察官独自のもの。各所轄署には，一応「先生」と呼ばれる逮捕術の熟練者が配置されている。

待命(たいめい)略式　検察官が略式命令の送達と執行を確実に行うため，被疑者の取調べ終了後，検察庁に居らせたまま，裁判所に略式命令を請求し，その謄本の送達までの一連の手続を当日中に行うこと。釈放されて罰金を払う。

ダイカン(代用監獄)　本来は法務省所管の拘置所に収容されるべき勾留決定後の被疑者・被告人を引き続き警察署内の留置施設に収容する日本特有の運用。監獄法にもとづき「代用」という用語が使われていた。現在、刑事収容施設法により「代替収容施設」ということになる。実態は同じであり、弁護士会は廃止を訴え続けている。

高飛び　容疑者が国外に逃げること。

宅下（たくさ）げ　差し入れの項を参照。

抱く（だく）　刑事が被疑者を担当し，調べること。「オレが**窓口**や」ともいう。

奪還（だっかん）　路上で「**職質**」を受けている知人のところへ駆けつけて，警察官とやりあい，助け出すこと。「奪還のプロ」を自称する者もいる。「今，職質にかかってる。奪還にきてくれ」。

店（たな）卸し　いろんな事件の中からどの事件に着手するかを決めること。「さぁ店卸しを決めよかい。どのガキをいてこましたろかい」。

W（ダブリュー）　（検察用語）証人。(Witness)。検察官は自らの証人をPWと呼ぶ。

ダブル　再度の執行猶予のこと（刑法25条2項）。必ず保護観察が付けられる。「先生，今ダブルでっけど**トリプル**っておまへんのか」。執行猶予中の前刑の前の併合罪にあたる事件であれば「**トリプル**」になる可能性はある。

タマ違い　（警察用語）犯人を間違えること。

溜り（たまり）　警察の留置施設に勾留されている被告人が裁判に出廷するときは大阪地裁地下の「溜り（たまり）」（正式名称は**同行室**）で待機する。ここにある接見室で接見するには，係属部の「接見指定」（刑訴規則30条）の手続が必要となる。被疑者によっては，「**車両待機**」といって，「溜り」に入れないことがある。

タレ　被害届のこと。

タレヌキ　窃盗犯は事件が多いので，被害届の出ているある程度の犯行（**タレ**）を自供し，刑事の顔を立てる。刑事も他の事件に目をつぶる。「そこそこタレヌキしたし，他は目をつぶっといたる。その代わり……」と取引材料にもする。

チャリポリ　自転車に乗った地域課の警察官。「チャリポリが生意気な口をきくな」。酩酊者などに最もからまれるのは「チャリポリ」である。

頂上作戦　暴力団組織のトップをねらって検挙しようとする。

調書裁判　捜査段階の取調べで作成された供述調書を公判廷での供述・証言よりも重視するわが国の刑事司法の病弊である。自白を強要された被告人の調書についてもたやすく任意性が認められる。法廷の供述と検察官調書の記載が異なれば，調書が刑訴法 321 条１項２号書面として証拠採用される実務が横行してきた。裁判員裁判のめざす公判中心主義によって，これが是正されていくか，刑事弁護人の活動にかかっている。

調書を巻（ま）く　捜査官が供述調書を作成すること。【語源】かつてはＢ４の縦書きであったことからか。本人に署名・指印（左手人差し指の先を押す）させて，正式な供述調書の完成である。

チョウバ（帳場）　事件ごとに警察署内に置かれる捜査本部のこと。捜査主任官が「**班長**」といわれ，多数の部下を指揮する。関東では捜査本部に掛けられる事件名の看板を「**戒名**（かいみょう）」という。事件が解決しない場合「**戒名**が悪いんじゃないの」となる。

チンコロ　密告すること。完全に捜査機関の手先となってしまうと「**イヌ**」（ネコは権力にすりよることはない）。関東 では「**S**」(エス)といわれる。スパイのこと。**チンコロ師**(屋)ともいう。「あいつを信用したらあきまへんで。チンコロ屋でっせ」

突き上げ捜査　実行犯からそれを指示した上部の者に狙いを定める。

務めにいく　受刑すること。「もう控訴せんと務めに行きますわ」。

出入簿（でいりぼ）　留置場から被疑者を出し，調べるときや，「**検調**」や，病院に治療に行くときなど，必ず留置管理課の「出入簿」に出室させる理由等を書き提出し，印鑑をもらう。これにによって，「何月何日何時から何時までどのような目的で被疑者を出室させたか」が明らかになる。

手入れ　捜査機関による捜索・差押え。

デカ　私服刑事のことをいう。単に「私服」ともいう。【語源】江戸時代の角袖から。

手口　捜査官が最も重視するのが犯罪の手口である（国家公安委員会犯罪手口資料取扱規則及び細則参照）。常習犯は手口が一緒なので，「殆ど手口から犯人が特定出来る」。

デコ　右手の親指と人差し指で丸を作り，自分のおでこに当てる仕草をして，警察官のことを意味する。「**デコスケ**」「**デコチン**」は，売春業者が使うことが多い。

手錠・腰縄　法廷に入場後，裁判長が刑務官に「解錠してください」というまで被告人は家族や一般の傍聴人の前で手錠・腰縄のまま晒される。屈辱的な場面であり、弁護人としては理由を付して事前解錠の申入れをするが、認められる例は今だ少ない。裁判員裁判の場合、裁判員の入場前に解錠される扱いがなされているが、これを一般化していくべきである。

出待ち（でまち）　犯人が出てくるのを待って逮捕する。

電聴（でんきき）　（検察用語）**電話聴取書**のこと。検察官が電話を架け，相手が言ったことを聴いて書面にする。恣意的なものがあるので要注意。話す方が発信者。聴く方が受信者。

遠張り　遠くから「**マル対**」捜査の対象者を見張る。

道場に連れて行け　４課の刑事の脅し文句。警察署の柔剣道の道場に被疑者を連れて行き，柔道の絞め技で失神させる。「道場で**可愛が**ったる」。弁護人に抗議されたら「柔道の練習してましてん」ととぼける。弱い者いじめである。

とうばん（当番）　当番弁護士制度の略称。当番で待機している弁護士のことをいう場合もある。当番弁護士制度とは，逮捕された被疑者に対し，すみやかに接見し、防御権を保証することを目的として，日本弁護士連合会により提唱・設置された制度である。1990 年 9 月に大分県弁護士会が名簿制（パネル方式）で、同 10 月に福岡県弁護士会が待機制（ロータ制）で開始。1992 年 10 月、全国の弁護士会で実施され今日に至る。本人・家族から各弁護士会に電話すれば、その日のうちに 1 回無料で接見に行くのが当番弁護士である。そのまま被疑者国選弁護人となるのが実務である。

特務　鉄道警察隊のこと。

毒まんじゅう　警察への賄賂。「毒まんじゅう食ったらアカンぞ」。

トラ箱　「酒に酔って公衆に迷惑をかける行為の防止等に関する法律」による泥酔者保護で留置施設内にある保護室へ 24 時間入れられる。この保護室のことをいう。

鳥小屋　留置施設のこと。「今日の調べはここまでや。鳥小屋でゆっくりしとけ」。

取調べ立会い　捜査官の取調べの際に弁護人の立会いを要求するのは、弁護人選任権（憲法第 37 条 2 項等）から当然のことであるが，諸外国と異なり、わが国では一切認められていない。弁護人が取調べに付き添って行き、室外で待機するなどの様々な工夫した闘いが行われている(**準立会い**)。

取報（とりほう）　(検察用語)**取調べ状況報告書**の略語。取調べをしたとき、警察官は犯罪捜査規範 182 条の 2 により、検察官は法務大臣訓令にもとづき、取調べ時間や調書の作成等についての書面を作成することになっている。

トンケイ　逃走刑事被告人。「トン」は「遁」。

内偵　逮捕を前提として容疑者の動きを「**行動確認**」して逮捕令状請求に繋ぐこと。「**行動確認**」は「**行確**」という。

流し　行き当たりばったりの犯行。「このヤマは流しやな」。

泣きが入っている　弱音を吐いていること。「厳しい調べに泣きが入り，共犯がとうとううたいました」。刑事は「ヤクザのくせに泣き入れんな」と恫喝する。

ニギリ　検察官の求刑と同じ判決結果。「先生，ニギリやったら，高い金払うて**私選**にすることなかったやん」と弁護人は文句を言われる。

にぎる　被疑者との取引によって一部の事件を送致しない。その代わり他の事件を認めさせたり共犯をうたわせたりする材料にもする。「これはにぎったる。その代わり……」となる。別に，博奕の「**にぎる**」とは違うので要注意。

二刑もち　併合罪にあたる事件が2つあること。「**二件もち**」ともいわれる。「**三件もち**」もありうる。

入場(にゅうじょう)　逮捕された後，弁録，写真撮影，指紋採取などの手続を終えてから，留置施設に「入場」することになる。弁護人になろうとする者としては，入場前でもはやく接見させてくれと要求する。

ニワトリ　機動捜査隊。

任意（にんい）　任意同行のこと（警察官職務執行法2条2項)。路上で何時間も多数の警察官に囲まれて，無理矢理パトカーに乗せられ，警察署へ「**同行**」されてしまうことが多い。「やましいことがないなら，素直に同行せい」。実質的な逮捕であり，違法というべき。

人着（にんちゃく）　人相関係のこと。犯人を特定する身体的特徴。

認定される　裁判の実務でよくなされる間接事実による有罪認定のことであるが，独特の文脈で使われることがある。「先生，なんぼ**黙秘**してても，どうせ認定でもっていかれるんちゃいますか」。

ネズミ取り　交通課が隠れて行うスピード違反の取締り。「折角**ハッピ**着てんのに毎日毎日「ネズミ取り」ではやってられんわい」。

ネタ　情報。タネ（種）の逆語。捜査官が被疑者に対し「面倒みたるから，ええネタ置いていけ」と刑事が囁く。身柄を取る（逮捕）ための「**ヒキネタ**」とも言う。場合によっては金儲けの端緒を言う。別に，覚せい剤そのもののことをいうことがあるので要注意。

熱心弁護（ねっしんべんご）　熱心な（Zealously）弁護活動。弁護士職務基本規程５条の信義誠実義務、46 条の最善弁護義務の内実。熱い心をもって，「誰がなんと言おうとあなたの味方です」というスタンス。

パイ　勾留請求されずに釈放されること。「**検パイ**」と呼ばれている。「**ヨンパチ**」と同じ。

吐かせる　自供させること。「**落とす**」「**割る**」と同じ。「早よ**吐いて**楽にならんかい」。

バカ殿　キャリアの所轄署の若い署長のこと。「バカ殿の巡回や」

と出世しない留置施設の看守が愚痴る。

パクられる　逮捕される。

ハコ　留置施設もしくは刑事施設のこと一般。「**オリ**」ともいう。別に，大阪西成での「**ハコ**」はノミ屋の店のことをいうので要注意。

警察用語では交番のこと。派出所を略して「**ハッショ**」ともいう。

走る　警察署に行く。「**飛び込む**」と同義。「あのガキ，走りやがった」。

バックレ　しらをきる。「こら！なめとったらあかんぞ。いつまでバックレとるんじゃ！」と刑事が脅す。

はっぴ　警察官の制服のこと。「はっぴ着とる武士や」と刑事には矜持がある。

場提（ばてい）　売春など違法行為の場所を提供する不正行為。「否認してても，とりあえず場提で引っ張ったる」と刑事が脅迫する。

ハト飛ばす　身体拘束されている者と他の者が何らかの方法によって互いに秘密の連絡をとること。「ハト飛ばして口を合わしときます」。弁護士を利用して違法な連絡をさせようとするのを「**ハト弁を使う**」というので要注意である。

ハトになる　釈放されること。「ワシが頑張ったんで**ハト**で帰れました」。

ハム　公安の警察用語。

張り込み　容疑者の動静を監視する。尾行は，「**引っ張り**」。家を出てからの行動確認。「**吸い込み**」は家に戻るまでの行動確認。

バンカケ　職務質問。【語源】「こんばんは」と対象者に声を掛けることから。

板金捜査（ばんきんそうさ）　無理に叩いて叩いて関係者の供述を捜査官の見立てどおりに合致させる捜査方法。公判になると裁判官は，「各人の供述は詳細までよく一致していて信用できる」などというので要注意。**調書裁判**の弊害である。

パンダ　パトカー。【語源】白黒だから。「あっ，ヤバいぞ，パンダがうろついとる」

B（ビー）　（検察用語）弁護士のこと。Barrister あるいは、Bengoshi の略。

ＰＳ（ピーエス）　（検察用語）検察官調書のこと。Prosecutor's Statement の略。P（ピー）は検察官のこと。

ピーフォン　警察署専用の携帯電話。５人で同時通話可能。「ＧＰＳ」で他の警察官の位置を瞬時に確認する。

被害者参加　一定の事件の被害者や遺族らが刑事裁判に参加して公判に出席したり、被告人質問などを行う制度。被害者に対する適切な対応も刑事弁護人の職責になっている。

引き当たり　被疑者を犯行現場などに連行して，犯行時の裏付け捜査をすること。「明日，娑婆の空気を吸わしたる。引き当たりやぞ」と刑事は値打ちをつける。かつては，引き当たりに行った帰りに刑事は「コーヒーでも飲め」と缶コーヒーなどを被疑者におごっていたが，このような利益供与は少なくなっている。

被疑者ノート　被疑者が取調べの経過、内容等を自ら記入する日弁連作成の日誌（外国語版もある。日弁連のホームページからダウンロードできる）。弁護人から差し入れ，本人に留置施設内で毎日書き込んでもらう。「先生、勾留がまだ続くと思うのでもう一冊差し入れてください」。

ヒキネタ　狙いをつけた者をとりあえず逮捕することができる被疑事実。「あのガキだけは引っ張りたい。なんぞヒキネタ知らんのか」と刑事が協力を求めてくる。

引き戻し　いったん警察の留置施設から拘置所へ送られていたが，別件で逮捕されて，また留置施設へ戻されること。「引き戻されるのが一番辛いですわ」。

微罪（びざい）処分　軽微な事件を事実上、警察限りで終結すること（刑訴法246条但書）。「微罪処分にしたるから」と捜査官が誘惑する。

引っ張る　被疑者を逮捕するために，警察署への任意同行を求め，強引に連行する。「今日は，あいつを引っ張りに行くことにする」。

人質司法　逮捕・勾留されて身体拘束された被疑者・被告人を自白するまで長期間釈放しないわが国の刑事司法の運用。自白を強要するものであり、国際的にも強い批判を浴びている。刑事弁護人の奮闘により克服していく必要がある。

ひにん（否認）　単に被疑事実を争うだけでなく，「あえて嘘を言う」という意味で使われることがあるので，要注意。「ワシはなんにも否認なんかしてませんで，ちがうことはちがうと言ってるだけやで」。捜査員は，**黙秘**より否認の方が嬉しい。否認は供述の矛盾を突いて崩せる。

否認玉（ひにんだま）　「**否認ボシ**」ともいう。否認することで有名な被疑者のことをこう呼ぶ。「お前が否認玉なら，わしは**カチ割り**専門じゃ。勝負したるわい」。

ヒネ　関西でアウトローが使う警察官の呼び方。「ろくな情報もくれんのに，**タカリ**だけは一人前のヒネや」。「タカリ」は金品や接待を受けること。

ビビコ　関西のマル暴の刑事が好んで着るヤクザかぶれのブランド服。「ビビコでピシッとキメやなヤクザになめられる」。

ヒモツキ　逮捕中の者。「こらっ！　ちゃんとせんとお前の嫁はんもヒモツキにしたるぞ」と脅迫する。「**縄付き**」と同義。

ビラ　警察官がもらう賞状。警察官の一番の喜び。最高は，警視庁長官賞。

V（ブイ）　（検察用語）被害者のこと。Victim の略。

覆面（ふくめん）　パトカーでない警察の捜査車輌。

フダ　逮捕状。「フダ切ってまうぞ」。

ブタ箱　留置施設のこと。「**代用監獄**」の劣悪さを昔はこのように表現した。

物（ブツ）読み　証拠物を検討する。違法品の「ブツ」とは限らない。

フルコース　捜査弁護として，熱心な弁護人がとる被疑者のための全ての手続。①逮捕に対する抗議，②勾留請求しないよう検察官への申入れ，③勾留決定しないよう裁判官と面談，④勾留に対する準抗告，⑤接禁等禁止決定が付けば準抗告もしくは一部解除申立，⑥勾留延長に対する準抗告，⑦勾留理由開示公判請求，⑧勾留取消請求，⑨勾留取消請求却下に対する準抗告，⑩勾留場所に対する準抗告……疲れるが，これは**熱心弁護**の常識。

ブレる　動揺する。逆に，動揺せずに落ち着いているのを「**ドン**としてる」「**ドシッとしてる**」とも言う。刑事は，「お前は素直に供述しとるのに，弁護人がくるたびにブレる。弁護士なんか金もうけでやっとるんや。ワシらはお前のためにええ調書を作ったっとる。ブレんとワシらを信用しろ」と被疑者を抱き込む。

ブロマイド　手配写真。「これがマル被（被疑者）の**ブロマイド**や」。

別荘　刑務所。「必ず別荘に送ってやる」「やれるもんならやってみんかい」刑事と被疑者の闘いである。

弁護人連絡（弁連〔べんれん〕）　「弁護人に連絡してくれ」と留置管理係員に頼むと，一応電話連絡してくれる。留守番電話にも「接見に来て下さいと本人が言っています」というくらいは伝言してくれる。但し，それ以上の伝言はしない。

弁選（べんせん）　被告人・被疑者は、何時でも弁護人を選任できる（刑訴法 30 条 1 項）。配偶者や兄弟姉妹も選任できる（同条 2 項）。連署した書面（弁護人選任届）を提出するが、この書面を「べんせん」と呼んでいる。これは、私選の場合であり、弁護費用等を支払う。被疑者段階で捜査機関に提出した弁選は起訴後も効力がある（刑訴規則 17 条）。弁護人が複数あるときは、全弁護人の合意で、もしくは被告人の指定で 1 人を主任弁護人とする。

弁当　執行猶予のこと（刑法 25 条）。「**弁当持ち**」が猶予期間を満了させることを「**弁当切る**」，満了できずに取り消されてしまうことを「**弁当食う**」という。「先生，弁当切れるように弁護して下さい」「あかん，無理。もうあきらめて**弁当**食えよ」。
2022年の刑法改正によって「**弁当切り**」はできなくなった（改正刑法27条2項・4項）。

弁当持ち　執行猶予中の者のこと。【語源】不明。

弁面（べんめん）　身体の拘束を受けている被告人又は被疑者は、弁護人または弁護人となろうとする者と立会人なくして接見し又は書類もしくは物の授受をすることができる（刑訴法39条）。刑事弁護人は，この接見を重視し，被疑者・被告人とのコミュニケーションの能力（コミュ力）を鍛えなければならない。

法テラス　国によって設立された「日本司法支援センター」の呼称。総合法律支援法にもとづく、法務省所管の独立行政法人である。一般の法律相談や援助をしている。国選弁護人の費用・報酬の支払いも全てしている。熱心な刑事弁護活動に見合う費用が支払われていないとの不満が強い。

ホシ　犯人と特定したこと。「目星をつける」が語源。「**ホンボシ**」とは「真犯人」を称する。

保釈　かつては「保釈願い」という用語があったが，保釈には請求権があるので，「お願い」ではなく，「保釈請求」をする（刑法88条）。必要的保釈（権利保釈）と裁量保釈がある。刑事弁護人は，「人質司法」を打ち破らなければならない。

保釈関連法の改定　2023（令和5）年5月10日，刑訴法等の一部を改正する法律が成立した。5月17日に公布されたが，施行日は段階的に定められている。日弁連では，この改正が「人質司法」を解消する契機となりうるよう適正に運用されることを求める，との会長声明を出している。しかし，この改正は実務の現場では厳しい対応にせまられることが予想され，注意が必要である。

たとえば，刑法97条，98条の逃走罪の主体が「法令により拘禁された者」に拡張され，法定刑が「３年以下の懲役」に引き上げられた（2023年６月６日施行）。従来，「保釈逃走」はそれ自体は犯罪でなく，処罰されなかったのに，これは大きな変化である。

ホトケ　殺された犠牲者の総称。

ポリ　警察官のこと。「**桜の代紋**」ともいう。関東では「マッポ」ともいう。

ポリ箱　派出所のこと。

本社　警察本部のこと。所轄署は支社。「本社勤務に戻りたいわ」。

本庁　警視庁本部。「あそこは別格や，なにせ天皇陛下がおられる都や」

本丸（ほんまる）　本当に狙いをつけ逮捕したい者。

マイッタする　捜査官に対して，敗北を認める。「証拠をつきつけられて，もうマイッタしました」。

前さばき　チンピラなどにカマシを入れる若い刑事に対して，「しっかり前さばきせいよ。手荒なことも遠慮するな。ワシが責任持ったる。弁護士など関係ない」と先輩刑事が叱咤する。若い刑事がやり過ぎて，弁護人から抗議されると「ワシァ知らんで」と責任逃れをすることが多い。

前（まえ）取り　「**前**」すなわち前科の犯罪データを調べる。「前取りしたら，山ほど**前**があった」。

マエモン　前科を持っている者の総称。検察官の使う差別語。

マグロ　轢死体。別に，風俗店やぼったくりバーで客を泥酔させ，財布等を盗み，抱えて路上に置き去るのも「マグロ」であり，なにもせずサービス精神の欠落した女性も「マグロ」というので違いに注意。

マネロン　マネーロンダリング。「犯罪による収益の移転防止に関する法律」で取り締まられる。「今日び４課も頭を使う時代や。マネロンで大物をパクったろ思うとるんや。協力してくれ」。

マモチャク　「まもなく到着します」のこと。警察官同士で使用する。

マルサ　国税局の査察部の査察官のこと。

マルヒ　被疑者のこと。「**マルモク**」は目撃者。なにかと「マル」をつけるのが警察の特徴である。「**マル腰**」は武器類を持たず相手に向かい合うこと。

マル集（しゅう）　窃盗犯など余罪がたくさんある場合，自供書を簡単に書かせ，「マル集」として追送致しない扱いをする。「よろこべ。自供書を書いたら全部マル集にしたる」と刑事がいう。

マル暴　暴力団を担当する係（捜査４課・暴対課）の警察官のこと。逆に，警察用語で「暴力団そのもの」のことをいう場合もあるので要注意。ややこしい同語なので警察官を「**暴対**」や「**組対**（そたい）」ということが多くなっている。「暴」という文字を隠すため「**マルＢ**」ということもある。

見当り班　全国指名手配犯を街中で発見し逮捕する専門職の警官。大阪府警から発祥したといわれている。

身柄（みがら）　逮捕されて、法的に「**身体拘束**」されたとたん、それまでの生きた人間が「物体」となってしまう。捜査官はこれを「身柄」と呼ぶ。対等の当事者であり、防御の主体であるべき被疑者・被告人を、捜査・公判の「客体」とみる旧い警察用語である。保釈請求書に添付する「**身元引受書**」も、かつては「**身柄引受書**」（**ガラウケ**）といわれていた。「身体拘束を受けている被告人又は被疑者」（刑訴法 39 条 1 項）という法律用語をきちんと認識すべき。

三行（みくだ）り半　最高裁の上告棄却決定は，ほとんどの場合において，「上告趣意は，憲法違反，判例違反をいう点を含め，実質は事実誤認の主張であって，刑訴法 405 条の上告理由に当たらない。よって同法 414 条，386 条 1 項 3 号により，裁判官全員一致の意見で，主文のとおり決定する」となっていて，ちょうど「三行半」である。この決定には，3 日以内に異議申立てができる（刑訴法 428 条 2 項の準用）。この申立てが棄却されたときに判決は確定する。上告中の未決勾留日数は，4 カ月間（120 日）は算入されない扱いとなっているので，出所がそれだけ遅れる。「上告してもどうせ，**三行り半**やし，あきらめますわ」。**【語源】**江戸時代，夫から妻への離縁状は，**三行半**でよかったことから。

未決算入　法定通算と裁定通算がある。大阪地方裁判所の裁定通算では未決勾留日数＝起訴後の勾留日数－（30日＋10日×公判の回数－1）の計算式を基準として行われている。控訴審の場合、大阪高等裁判所は控訴申立後約60日を控除して残りを算入している。上告審の場合、最高裁判所は上訴後，「120日」を控除して残りを算入している。

迎えに行く　逮捕すること。

ムキムキ　無期懲役が2件の受刑者。無期懲役の仮釈放中に事件を起こし，更に無期の判決を受ける。当然，仮釈は取り消され，先の無期が復活する。そして新たに無期でムキムキとなる。仮釈放は絶望的。

蒸（む）す　留置施設から出さずに放置する。**カンヅメ**と同義。「いつまでも蒸されていたいんか」。

メン（面）グレ　相手の顔を知っている。容疑者を見て知っているときなどに使う。

メンタ　警察官が女性被疑者のことをこう称する。「ワシも忙しいてのう。他にもメンタ一匹の柄（ガラ）持っとるんや。」と，平気で差別用語を使用する。

面倒（めんどう）み　世話をする。厚情を施すこと。警察官や刑務官の常套句。「心配するな。面倒はみたる。弁護士なんかよりワシらの方がずっと人間らしい。ちゃんと面倒をみたる」。別に，ヤクザの「面倒み」とはちがうので要注意。

面（めん）通し　被害者あるいは参考人に，被疑者の顔を実物（すかし鏡越し）で確認させる。刑事は強引に「間違いありません」との供述調書に署名・押印させることが多い。

面割り　何人かの者の写真を貼付した「**台帳**」を被害者に見せて「犯人」を特定させること。

黙秘権告知　捜査員が調べる前に，供述拒否権を告知すること。「ええか。言いたくないことは言わなくていい，しかし，嘘を言ってはならんぞ。その権利はない。」と独自の解釈を話す。そして，実際に被疑者が黙秘権を行使すると「なんで喋らんのや。その理由を言え」と執拗にしめ上げる。弁護人は接見で黙秘権の存在を教えるだけではなく，黙秘権の行使の方法や捜査官のやり方を詳しく教えることが重要である。

もち込み　受刑の開始にあたり，実際に服役することになる刑期。「先生のおかげで，未決算入がだいぶありますので，もち込みは少ないです」。

持っていかれる　「パクられる」と同じ。「大変や，アニキが持っていかれた」。

モン　指紋の略語。

門前逮捕　逮捕され，不起訴等で一旦釈放になるが，警察署を出た場所もしくは留置施設を出た廊下で別の事件の逮捕令状を示され「何々やな」とわかりきっている人定確認を行い，「逮捕する」と告げる。「汚い真似さらしやがって」と暴れる者もいる。

扼痕（やくこん）　絞殺死体には犯人の爪や指が残した擦過傷が残っている。

家賃を払う　「**帳場**」（捜査本部）を警察署内に立てた場合，その解決をすること。帳場費用は所轄署が負担するのが原則で，本部からは出ない。従って、「家賃を払わな終われない」となる。「いつまでムダメシ食うとるんや」と所轄署の者は嫌味の陰口を叩く。事件を早期解決しないと肩身が狭くなってくる。

ヤマ　事件のこと。

ヤメ検・ヤメ判　退職後に，弁護士登録をして活動する元検事をヤメ検，元判事をヤメ判ということがある。経験を生かして弁護人として活躍される方も多い。

猶取（ゆうとり）　執行猶予の取消しのこと（刑法26条など）。保護観察付執行猶予の取消手続の問題点については，浦功弁護士の論文があるので参照（『新・生きている刑事訴訟法』〔成文堂，1997年〕）。

ヨゴレ（汚れ）　捜査官が取調べのときに被疑者を貶めるために使う差別用語。**イレズミ**をしている人物を差別するときにも使う。「**ゴミ**」と呼んだりもする。「このヨゴレ。**往生**せんかい」と刑事が被疑者を脅かす。

読み聞け（よみきけ）　供述調書を録取した後，捜査官がその内容を確認させるため，供述人に対して読んで聞かせること。「読み聞け」の後，直接本人に「**閲読**」させることもある。

ヨンパチ　警察段階だけの身体拘束で終わり，送致されず，48時間で帰れるときにいう（刑訴法203条5項）。「心配いりまへん。こんな事件はヨンパチです」。楽観的な被疑者は勝手に決める。

立会（りっかい）　（検察用語）検察官として公判に出ること。立ち会い。

領置調べ　警察署から拘置所へ移送前日，衣類や金員等を総て記載して，確認書を作成する。これも煩わしい。熟練者は，「お前らで勝手にやっとけ」と押し通す。

ロク　死体を称する。「オロクさん」とも呼ぶ。【語源】南無阿弥陀仏がちょうど文字なので，それにかけて「6」から転じたとされている。仏教に基く同義語としては「**ホトケ**さん」とも呼ぶ。「オロクさんの無念を晴らしてやらにゃいかん」，強行犯の刑事は手を合わせる。

録・録（ろくろく）　検察官の取調べを録音・録画すること。**取調べの可視化**が実現しつつある中で生まれた言葉。「お前の自供の様子は，バッチリ録・録したから，しっかり**往生**せいよ」と捜査官が自信を示す。

全ての取調べを録音・録画すべきであるが，まだ実現していない。大阪弁護士会の小坂井久弁護士の尽力が著しい。「ないなカシカしかないな」という回文がある。

話中（わちゅう）　電話中のこと。警察用語。

ワッパ　手錠のこと。「ワッパが手首に食い込んで痛いやないか」。

ワンこうりゅう(勾留)　10日間の勾留のこと。結局，「やむを得ない事由がある」。(刑訴法208条第2項）として10日間延長され，「**ツー**こうりゅう（20日間)」になることが多い。「ワン勾留で頼んます。ほんで直ぐに保釈で出してください」。このようにすがりつく被疑者がいる。

18　収容施設関係の用語

青鬼赤鬼　刑務所で最も嫌われている職員のことを受刑者はそう呼ぶ。「あっ青鬼が来た」。

上がる　刑務所の工場から出て行く。「もう上がりますわ」と自主的に上がる者もいる。

アタリ　刑務所内でオナニーすること。「すんまへん。ちょっとエロ本貸して下さい。アタリいってきます」。

網走番外地　網走刑務所のこと。

慰問　刑務所や拘置所で受刑者のために公演したり，歌ったりする行事のこと。関係者が有名な芸能人や歌手を「慰問」に手配する。

運動　留置施設内で実施される運動時間（週２～３回，約20分）。このとき，ヒゲソリや爪切りなどができる。以前はタバコも吸えたが，2013（平成25）年４月よりは禁煙。

A級刑務所　初入刑務所。仮釈放が４分の１程度もらえる。反抗的な者が少ないので，職員が横暴になる。受刑者も初入なので上下関係が厳しい。「あんな所行くもんと違います，息の吸い方まで先輩がうるさい」。ただし，「刑事収容施設及び被収容者等の処遇に関する法律」(2006年) によって「処遇指標」が導入され，現在は，「級」を使わない。

衛生係　刑事施設で受刑者や被告人の配食や舎房の掃除をしたりする受刑者。昔は「掃夫（そうふ）」と呼ばれていたが，差別的なので，「雑役（ざつえき）」に変更となり，更に「衛生夫」となり，またしても「夫」が差別的となって，現在「衛生係」。実質は全く何も変わっておらず，「衛生係などするものではない」と愚痴る者が多い。

F（エフ）　収容されている外国人のこと。

LB級刑務所　長期累犯者が収容される刑務所。ただし，地元の者で短期の者もいる。原則10年以上の残刑を有する者。「級」については「A級刑務所」の項参照。

お迎え　死刑囚を刑場に連行するために刑務官が連れにくること。「いよいよお迎えがくるかもわからん。恐ろしいて寝られへん」。当日の朝，突然にお迎えがくるという許し難い違法がある。

オヤジ　工場担当の刑務官の呼び方。「ええオヤジがきた。前のオヤジよりずっとええ」。

お礼まいり　刑務所内で刑務官にいじめられた者が，出所後に仕返しに行くこと。

カッパとアンコ　刑務所内での男性同性愛の関係。カッパが男役でアンコが女役。【語源】深海魚のアンコウは何でも口に入れることから。「出所後もカッパからストーカーされてますねん」。

加点　刑務所で受刑者が人命救助をしたり，良いことをした場合「加点にしたる」となる。

柄受（がらうけ）　仮釈放のときの身元引受人のこと。「柄受がおりまへん。保護会（更生施設）に頼りまんねん」。

仮釈（かりしゃく）　刑法28条。かつては仮出獄といった。受刑者の何よりの期待，楽しみ。

仮面（かりめん）　仮釈放の前の手続である仮面接のこと。**準面**ともいう。

これを経て本面接になる。「**パロール**」がきたと喜ぶ。

ガリ　散髪（丸ボウズ）のこと。受刑者がバリカンで行う。

観桜会（かんおうかい）　一応桜を見るということでカラオケを歌ったり，菓子を食べたりする行事。「オヤジも１曲どうでっか」。受刑者のごますりに「よっしゃ」と制服を脱ぎ，歌う担当もいる。

願箋（がんせん）　拘置所内で何らかの申出をする際に作成させられる書面一般。A願箋（食料品，日用品の購入），B願箋（本の購入），大願箋（宅下げ，仮出し），小願箋（薬などの申出）等。

カンチリ　官物のちり紙。いわゆる**ティッシュ**はない。

官服　私服の差入れが間に合わないとき，留置施設などでは、官と印の付いた服を貸してくれる。

官本　拘置所で貸し出す書籍のこと。面白い本は少ないといわれている。

官物　刑務所や拘置所が無料で支給する生活用品。

カンベ　鑑別所。

技官（ぎかん）　拘置所で庶務課の看護助手や刑務所での作業指導員を技官と称す。

キ印（じるし）　精神的に問題のある受刑者への差別用語。「気つけよ。あいつはキ印や」。

逆異動　懲役（受刑者）から未決拘禁者に戻されること。

キャピック　大阪刑務所などの刑務所が受刑者が製作した物品を販売している。

行状　刑務所内での受刑者の生活態度のこと。また，刑務所内での処遇の厳しさにも使う。「ここの刑務所の行状は緩い」。

矯正指導日

毎月２日間，作業を免じ，作文を書かせたり，ビデオを見せたりする新法施行からの矯正教育。「教育的指導日」という施設もある。

共同室・単独室

監獄法（明治 41 年制定）が，「刑事収容施設及び被収容者等の処遇に関する法律」（平成 18 年 5 月 24 日施行）として全面改正された。

従来，「**雑居房**」とか「**独（居）房**」といわれていた用語はなくなり，「共同室」･「単独室」ということになった。未決収容者については，「単独室」を居室にするのが「原則」であるとされているが，実際は「共同室」収容も多い。受刑者についてはこのような規程はない。

極刑囚
（きょっけいしゅう）

死刑囚と呼ぶのは生々しいので極刑囚と呼ぶ。一番風呂に入ったり DVD を鑑賞したり，一応優遇的に戒護されている。極刑囚の「**単独室**」扉には「単独開放禁止」という大きいプレートが貼られている。「こんなもん，まるで猛犬注意の札やないか。人権侵害や」と抗議する極刑囚もいる。「ワシがなんか悪いことしたんか。静かに暮らしとるやないか。なんでこんな札を貼るんや」。

死刑の廃止は刑事弁護人の宿願である。

銀シャリ

白いごはん。刑事施設では麦入りのご飯(「**バクシャリ**」)になるので，それとの比較でこう言われる。正月だけは刑務所でも銀シャリが出る。**【語源】**もともと仏陀の遺骨（舎利）のこと。「夢にまで見た銀シャリや」と昔は言われていたが，現在は麦の量がかなり少なくなってヘルシーではある。

金線・銀線　銀線は看守部長，金線は副看守長以上の刑務官のこと。

臭い飯　「バクシャリ」のこと。麦入り飯は臭うのでこう表現する。「もう臭い飯食うのは最後にしたいわ」。

計算工（けいさんこう）　工場担当の補助的な役目をする懲役受刑者。なかなかこの役には就けない。

ケツイチ　「房長」に対してケツから一番。つまり新人を称する。

ケツ割り　足をひろげ，尻を開いて隠し物がないか確認する。以前はガラス棒を肛門に突っ込んでいた。

現役　刑務所の工場で現在も暴力団に在籍しているヤクザ。「あの人は現役でっせ」。刑務所内で舎弟や子分になり，ある日突然ヤクザになっていばり出す者もいる。「ワシも現役でっせ」。

減塩食　高血圧や腎臓疾患のある被収容者には塩分を減らした食事が支給される。「減塩食にされんよう病気のことは隠してまんねん」。

行進　工場への出役時や居室への帰路に集団で歩行し，刑務官が「イッチニイ，イッチニイ」と声をかけ，受刑者は手足を高く上げ声を出して軍隊式の行進をさせられる。

拘禁刑　懲役刑と禁錮刑を廃止して新たに「拘禁刑」を制定（2022年，3年後施行）。1907年（明治40年）に制定された「懲役」は「懲らしめ」が目的のため刑務作業をさせ更生をめざした。新たな「拘禁刑」は「改善更生」を特性とし刑務作業と更生教育の組み合わせとする。

しかし，懲役の語はすぐには死語とはならないであろう。刑事弁護人としては，「更生教育」の名の下に抑圧・権利侵害が発生しないか注意していく必要がある。

考査　刑務所でどのような作業に適しているか，人間性はどうか等を審査すること。どこの刑務所に収監するかは**分類**という。

獄卒（ごくそつ）　根性の悪い刑務官。

好訴狂　本人訴訟を多く起こす者に対する差別用語。「気をつけろよ，あいつは好訴狂や」。「好訴症」と病気扱いにされることがある。弁護士に依頼せず，自分で勉強して闘い勝訴している事例もある。刑事弁護人として支援することもある。なお，収容施設が本人を裁判所に出席させないことにより訴訟取下げの擬制（民訴法263条）となるのは，裁判を受ける権利（憲法32条）を侵害している。

小票（こひょう）　刑務所であえて「**調査**」にかけずに注意や指導に止めて「小票」という書面に署名をさせること。これを拒否し，「それなら調査にしてくれ。こちら訴訟を起こす」と抗議する者もいる。

在監証明　収容施設に入所していた事実を発行してもらう証明書。福祉などに使う。本人しか申請できない。「運転許証が失効してるけど在監証明があれば大丈夫ですわ」。

作業拒否　工場や共同室が嫌なので，出役を拒否して「作業に出ません」と刑務官に申告し，正座して室を出ない。調査，懲罰，工場替えとなる。

作業報奨金　受刑者が服役中に作業をし，与えられる金（刑事収容施設法98条)。1カ月数百円のスズメの涙のようなわずかな金額であることも少なくない。

差し入れ屋　食物や衣類，文房具などの**差し入れ**をしてくれる業者。大阪拘置所前の丸の家（TEL 06-6924-3410）では，お金を預けておくと，毎日被収容者に届けてくれる。弁当も入るが，その場合，施設からの支給はなくなる。

差し検　差入れ物品の検査。過去，大阪拘置所で覚せい剤が差し入れ物品に隠され，重い刑事処分を受けた。

Gマーク　刑事施設内で「暴力団関係者」としての指定がなされていることをいう。アルファベットと番号の表示で「―組系―組」と分別されている。「仮釈に影響するので，Gマーク外れまへんか」と弁護人に相談する者もいる。警察から刑事施設に引継ぎされている。

死刑囚供養　死刑が執行され納骨されている墓で拘置所職員が供養する。大阪では豊中霊園に死刑囚の墓がある。

事件送致　受刑中の者が，施設内で事件を起こし，被疑者の身分となること。弁護人としての接見交通ができる。法務事務官（刑務官）が司法警察員として事件を検察庁に送致する。

自爆（ジバク）　いじめ等があって，その共同室から出たいので，いきなり扉を蹴って大騒ぎをする。刑務官が来て連行され，調査，懲罰となり，他の工場に配置換えとなる。「この部屋は自爆が多いのう」。

自弁（じべん）　自費で日用品等を購入すること。

事務所　刑務官が業務をしている場所。「事務所に連れて行くぞ。

上がれ」と受刑者を脅かす。ヤクザ用語を真似ている。

シャリアゲ　気の弱そうな者から惣菜や菓子類を取り上げる。「シャリアゲのヤクザがこの工場に来よった」とすぐ噂になる。

社（舎）を組む　刑務所内で集団をつくる。「社を組む」ことによって，工場を支配しようとする。「舎と舎の戦争や」と工場内の抗争になることもある。

受刑被告　実刑受刑中に別件で被告人として裁判を受けている立場の者。正式呼称は「**余罪受刑者**」である。弁護人との接見はできるが，未決収容者とはちがい受刑者としての扱いを受けているので防御上の不利益が大きい。弁護人として特に配慮が必要である。

出所前散髪　出所前３カ月からは髪を伸ばせる。

ショーケイ　少年刑務所のこと。

称呼（しょうこ）番号　収容施設内では，個人名より各自に付けられた番号で呼ばれる。

身体検査　留置場に入るとき，留置管理課の係官が被疑者に対して行う。大阪府警の場合，覚せい剤事案で前科がある者は，パンツまで脱がせる。「これが決まりや」。

新入房　新しく拘置所へ収容された者が，当初入れられる部屋。

「ズー」　収容施設内で，見回りが来たので「注意しろ」という意味の発声。口を開かずに発することができる叫びのことである。一般の「**シケ張り**」のときにも使われている。「ズーやで。ズーやで」と大声で言う者もいる。

正担（せいたん）　舎房担当の刑務官。「おやっさん」，「オヤジ」，「先生」とも呼ばれる。休みや休憩のときの補助者を「副担」という。

早朝出所　嫌な奴が出迎えに来るので，刑務所に願い出て，特別に朝早く出所させてもらう。

総量規制　未決勾留者でも，物品の所持量が法令によって決められている。キャリーケース１個分である。それを越えると宅下げ，もしくは廃棄処分等を強制される。

立ち役　立って作業し，他の受刑者を指導する者。腕章を巻いている。

脱会届(暴力団離脱届)　仮釈出所のヤクザはこの届出を必ずしなければならない。現役のヤクザは入所時に「満期出所願い」を申し入れる。

W（ダブル）　オカマ。刑務官が使う隠語。【語源】男と女を兼ねていることから。

玉入れ　歯ブラシなどのプラスチックを削って玉をつくり，男性性器の皮を箸で突き，入れ込むこと。「ほれ見てみい。立派な玉を入れて帰ってきたで」，「ムショ」帰りの亭主の自慢に女房が「アホか。痛いだけや」。

単独室　１人を収容する部屋。かつては「独房」あるいは「独居」と言った。複数人を収容するのが「**共同室**」である。

懲役（ちょうえき）　職員も受刑者も誰も「受刑者」という言葉は使わない。単に「懲役」と呼ぶ。

懲役セット　刑務所に持って行く日用品のこと。「懲役セットも揃うたし，そろそろ務めに行ってきます」。

懲役大名　社会では貧しいが，刑務所では大きな顔をする者。ホラを吹きまくっても，刑務所では，それを証明や反証できない。「懲役大名が好きなこと言うとるわい」。

懲役太郎　何回も何回も懲役にいっている累犯者。逆にこれを自慢する者もいる。「ワシァ懲役太郎ですわい」。

調査　被収容者が反則行為や規則違反をしたとき，その事実を調べて調書にする。そして処分を決める。

定期診察　留置施設内で実施される健康診断。2週間に1度実施される。睡眠薬，精神安定剤，風邪薬など投与してくれる。他方，拘置所や刑務所は予算が決められているので，なかなか投与してくれない。これをして「留置場の薬は安いが，刑務所の薬は高い」と言われている。

テレビカメラ房　「**単独室**」ではテレビカメラが設置され，昼夜監視される。

天突き体操　ヨイショ，ヨイショとスクワットで手を上に突き上げる刑務所独特の体操。

トイチ　女子刑務所で，「愛人」の意味。願箋を出すとき，女性刑務官の手をにぎり，レズビアンの女性収容者が「ワテのトイチにならんか」。

トクショー　特別少年院のこと。2015（平成27）年6月1日施行改正少年院法で，第2種少年院に変更。改正理由は「トクショーに入ってきた」と「ハク」づけする者がいるためとのこと。

とぶ　工場内の敵対者に対し，喧嘩を売る。結局は，両者が工場から追放となる。「あのガキ生意気や。お前がとべ」と上下関係で命令される。

入寮（にゅうりょう）　仮釈放が決定した者が入る居室。「入寮」時に500円程度の小額を渡され，売店で菓子を購入したりできる刑務所もある。

ヌリ物　バターやマーガリン，チョコクリーム等パンに塗る物のこと。**共同室**内で賭け事をし，「ヌリ物」を賭ける。

ネンショー　少年院のこと。初等，中等少年院は「第１種少年院」と改称。医療少年院は，「第３種少年院」。

裸おどり　「**カンカンおどり**」ともいう。刑務所で工場への入出時に行う検査。素っ裸で両手を広げ，口まで開ける。受刑者には屈辱的な検査。大阪拘置所では新入所の際，いったん全裸にされて全身の検査をされる。「玉検」（男性性器に玉を入れていないか検査され記載される）が行われる。「玉なん個入っとるんや。どれどれ」と検査して記載する。かつては肛門にガラス棒を突っ込んでいたが，現在ではなされていないようである。

バッカン　配食の汁物等を入れる鉄製の大きな容器。「**モッソウ**」は飯類の食器。

バッタン　死刑執行のこと。【語源】観音開きの床が「バッタン」と音を出し開くことから。死刑囚が，「夜寝とったら，バッタンの音が聞こえます。睡眠薬ください」。

B級刑務所　再入以上の受刑者を収容するところ。仮釈放が少ない。暴力団関係者は初入でもＢ級。Ａ級は初入，LA級は初入長期，LB級は累犯長期。ただし，「級」については「Ａ級刑務所」の項参照。

非協調　全く協調しない者のこと。

飛行機　以前は保護房に連行する時，身を屈ませ，両手を吊し上げて飛行機のような姿で運んでいた。現在もビデオ撮影していない場面では，それなりの制圧を受けることがある。

非常ベル　工場や舎房で，喧嘩や暴れたりする者が出たら刑務官が押す。多数の刑務官が飛んで来る。工場の場合，計算工に「非常ベルを押せ」と担当が命令する。

ビックリ箱　大阪拘置所にもある，一般面会のときや，「**弁面**（弁護人接見）」のときに収容者が待機する小部屋。人間ひとりが入るしかできないくらい狭い。扉が飛び出るのでこう呼ばれる。

袋物　「ふりかけ」や「のり」等袋に入っている物。

分（ぶ）引き　受刑中の面会などの時間を作業報奨金の計算から引かれること。

不良移送　刑務所で問題を起こして手に余る場合，他の刑務所に移送すること。

分類　受刑者の適性を判断して配役（受刑する工場）等を決めること。

報知器　収容者が職員に用事があるとき押すと飛び出るプラスチック板。大阪拘置所の新庁舎では，報知器ではなくインターホンで直接担当と話せる。

房長（ぼうちょう）　拘置所の「**共同室**」で原則として最も長く居る者が室内の秩序維持の責任者となる。実際は人物の器量によって決まる。かつての「**牢名主**」である。「房長」は，「便所の扉は静かに閉めてください」「イビキをかいたら軽く肩を叩きます」とか，その房の決まりごとを新入りに説明する。

保護カード　出所時に更生保護施設の援助を受けられるカード。刑務所が発行する。

保護会　更生保護施設では身元引受人のいない受刑者を仮釈放後に居住させたり，仕事を紹介する。

保護室　暴れたりする者を収容する舎房。「保護房」から「室」と変更されたが，内実は同じ。収容時間が短縮された。名古屋刑務所受刑者暴行死事件を契機とし，ビデオで撮影しながら入れるようになった。

ホヤキ　施設内で食べるお菓子。これを他人に譲渡，譲受し，発覚すると懲罰。

増（まし）入浴　夏期に実施される週1回の増入浴のこと。大阪刑務所ではこれを「まし入浴」と呼称する。ところが大阪拘置所は「ぞう入浴」と言っていた。2015（平成27）年6月突然大阪拘置所も「まし入浴」に変更した。

満期風（まんきかぜ）　満期出所の者が満期近くなると突然いばり出したり豹変して，軽蔑される。「あのガキ満期風吹かせやがって」。

みかん山　和歌山女子刑務所。「みかん山への旅行から，今帰りました。」「みかん山を出てきたけど，直ぐまた**リバーサイド**に戻りました」。

身分帳　これまでの入所態度や経歴，行動，家族関係など詳細に記載している書類。所内で問題を起こすたびに身分帳に記載される。莫大な身分帳の者もいる。

ムショ　刑務所の省略語。古い言葉では「**寄せ場**」ともいう。関東の刑事は刑務所を「**暗箱**（あんばこ）」と称す。

ムショボケ　出所したら世間が変わっているので，どのように行動したらよいかとまどう。「**浦島太郎**」ともいう。

モタ工（こう）　軽作業をする工場のこと。

薬物離脱指導・断酒指導　刑務所内で参加希望者に対して実施されている教育。

ヨロシクパン　新入りが朝食に出るパンを取り上げられることがある。これを「よろしくお願いします」と顔役に渡すのでこう呼称されている。

リバーサイド　大阪拘置所のことをいう。【語源】大阪の淀川べりにあることから。「またリバーサイドの住民ですわ」。

留置番号　警察署内の留置施設では，各個人に番号が付けられて特定される。

領置（りょうち）　押収されていないものでも，留置施設内で所持・使用できない物品は，「領置」といって預けさせられる。

領置金（りょうちきん）　受刑者や未決収容者の所持金であるが，領置されている金。

レッドゾーン　処遇困難者や重罪の者や死刑囚の者が多数いる舎房のこと。

19 各地で使われる用語

＊用語のあとで（　）内に入れた県名は，とくにその県で使われていることを示す。

【北海道・東北編】

アベ　一緒に行こう。「ちょっくらアベ」。

いきなり　超えていること。「超（チョー）うめーだ」（非常に美味しい）のことを「いきなりうめーだ」という。

ウダテ　嫌だ，怖い。舎弟「カチコミなんて俺はウダテ」，兄貴分「この**いきなり**バカめが」。

エーフリコギ　良い格好ばかりするの意味。「兄貴がエーフリコギばっかしてる」。

ガオル　困窮，弱る。「俺今ガオッちまってよ」。

カガボシ　輝く英雄。「一発カマしてカガボシになれよ」。

ガテる　味方に引き入れる。「あいつを，ガデたらどうさ」。

コシャグ　叱責する。腹が立つ。「あのガキ，コシャイでやれ」。

ジョサネ　簡単だ。「ジョサネよ」。

じょっぱり　頑固者。「あのじょっぱりはどうにもならん」。

トロケル　邪魔者をのけ者にする。「あいつはトロケさせねばなんねぇぞ」。

パヤパヤ　落ち着きがない者。「あいつはパヤパヤしとるから使えん」。

フダ　たくさん，一杯ある。「フダってるから**サスケネ**」。サスケネは大丈夫の意味。

マカナウ　服装とかを整える。「身元がバレないようにちゃんとこさ，マカナッとけよ」。

マグマグデュー　薬でボケたり，二日酔い。「今朝からマグマグデューでよ」。

マネ　ダメな奴。使い物にならない。「ありゃマネだ。相手にするなよ」。

モッケ　恐縮します。もったいない。「こんな所まで接見に来てもらいモッケでございますだ」。

ヤバツイ　キタナイ。不潔な者。「あんなヤバツイ奴（やつ）ごめんだ」。

【関東編】

アオチ　羽織。「粋なアオチはおってるね」。

アゲツ　お世辞。「アゲツばっかりたれてんじゃねぇよ」。

アジョにもカジョにも　どうしようもない。「あいつだけはアジョにもカジョにもならない奴だ」。

アッタモン　間抜け，バカ。「あんなアッタモン相手にしてられないよ」。

アッタラモン　大変立派な人。「あんなアッタラモンの方がこんな早く亡くなるとは」。

アバク　露呈させる。「あんな**ヨタモノ**はアバいてやる」。

アンゴ　愚か者。「あんなアンゴは相手にできません」。

イシコイ　「イモ」「ダサイ」の意味。「あんなイシコイ店の女」。

インゴッパチ　偏屈。強情。「なにせうちの兄貴はインゴッパチで困りものさ」

ウント	無料。「いいよウントにしとくよ」。
エダ	娘さん。「いいエダ連れているね」。関西ではヤクザの下部組織をいうので要注意。
エンガミル	大変な目に遭う。酷い目に遭うこと。「昨日の夜，喧嘩でエンガミテ，大怪我さ」。
エンコ(縁故)ヅケル	手渡しする。「俺がエンコヅケてやったんだ」。
オイタク	相打ちを打つ。「あいつはオイタクすらしない横着モンだ」。
オカルバ	部屋の二階。「俺の**ヤサ**(家)のオカルバに置いてやるよ」。
オギツイ	鉄面皮。「厚かましい。あのスケ（女）はオギツイよ」。
オコジュー	間食。おやつ。
オヤゲネー	可哀想。気の毒。「あまりにもオヤゲネーことだ」。
オヤヒネ	警察の署長や捜査陣の親分。「あんたも出世したね，今ではオヤヒネかい」。
オンリョウ	借り，借金。「あいつにはオンリョウがあるんですよ」。
カクビラ	布団。「カクビラを差し入れて下さい」。
カセギコミ	まだ修行中の男。「私はまだカセギコミの身ですから頑張って励みます」。
ガセツウ	ニセ金。「ガセツウを使うなんぞ許せません」。
ガセ名（な）	偽名。「私のガセ名は･･･って言うんですよ」。
ガセビリ	笑わせてくれる女。
カタイ	値が高い。逆語。「ちょっとオアシがカタイですね」。
カッタルイ	面倒くさい。
カマ	強姦。「わたしのスケ（女）がカマされました」。
ガマる	大きいとかたくさん。「今回はガマっちゃってヘタ打ち

ました」。

カリス　ハゲ頭。「あんなカリスですが凄腕の弁護士ですよ」。

カリムショ　拘置所。「今はカリムショにいます」。

ガワナリ　影響力がある。「あの方のガワナリは大きいですよ」。

ガンスイ　涙。「ついついガンスイがあふれました」。

カンタン　泊まる。宿泊。寝ること。「今夜は**バシタ**の**ヤサ**でカンタンします」。

キエモノ　貸し金。

ギル　没収する。「いやー，キツくギラれちゃいました」。

グニモム　質に入れる。

クヤ　厄（やく）の逆語。関西で**ヤクネタ**とどうしようもない者を称するが，関東ではクヤと言う。関東では言葉を反対にすることが多いのが特徴である。

ケイチャン　時計。「これはいいケイチャンだ」。

ケンジ　読む。推測。「わたしのケンジはこうです。先生のケンジもお聞かせください」。

ゲンナマ　現金。「ゲンナマもなく，うちの盆に来て**ゴロ**まきやがったんですよ」。

ゴジャッペ　いい加減な奴。関西でいう「**ゴチャモン**」。「ゴジャッペばっかり言ってんじゃないぞ」。

コチャモ　玩具。オモチャ。**タカマチ**（お祭り）でコチャモを**バイ**（売）してました。

サンタク　たくさん。逆語。

シャゲイ　芸者。逆語。「**バシタ**をシャゲイに沈めまして」。

シャリマ　女中，飯炊き女のこと。

ジュロク	小便。「ちょっとジュロクに行ってきます」。
ショナイ	内緒。逆語。
シンウチ	刑事の主任。巡査部長クラス。
ジンバイ	黙って売る。「わたしに隠れてジンバイしやがって」。
スイ	水。「ちょいとスイをくれませんか」。
スイチョウ	酒。主に**テキ屋**が使用。
スイビラ	手拭い。
ズキサカ	盃。逆語。
スメ	娘。逆語。
スヤイ	安い。簡単。逆語の類。
ズラカル	逃げる。「あのガキがズラカリやがった」。
ズンブリ	風呂場。入浴。
セルメン	顔。お面。「セルメンが割れちゃってます」。
ダイキョウ	兄弟分。逆語。テキ屋用語。
タギス	窃盗。「あいつはタギス専門ですよ」
タク	口上, **タンカ**。「タクだけはイッチョウマエ（一人前）や」。
ダリ	愚かな奴, バカ者。「あんなダリ相手にしちゃいけません」。
タロウ	田舎者。
チャイナイ	小さい。逆語。
チャクトウ	到着。逆語。
チュウヒネ	巡査部長クラスの警察官。
チョウ	銭。
チョウタ	男。
チョーフ	配分。逆語なら「符帳」の隠語になるが, 関東地方だと配分になる。

チラス	売る。物を売るという意味で使用。
チンピ	七味唐辛子。「チンピもない**シケ**た**オタナ**（店）だな」。
テツカリ	金物。「テツカリで**デッチアゲ**（殴り）ました」。
デッチアゲル	関西でデッチアゲルは刑事や捜査員が事件を捏造することだが，関東になると，デッチアゲは殴る，乱打すると変転する。
テン	非常に良い，吉，良好。
トッポイ	太い，広い。関西では荒くれを称するが，関東では「いやー，トッポイお方だね」と完全に逆転してしまう。
トロ	油。脂。関西では**ツケ**や「借り」だが関東では全く異なる用語となる。
ナオ	女性。逆語に近い。
ナガシャリ	うどん。関西ではナガシャリなどと言っても意味不明だが，これが関東では「うどん」の隠語となる。
ナガバコ	電車。これも関西では全く通用しない。「ナガバコで来ました」。
ナゴ	情婦。関西ではオナゴは総じて「女性」のことだが，関東では情婦という意味。
ナリ	噂。ヒソヒソ話。これは関西では服装のことであるが，一転関東では「なにをナリしているの」。
ネカ	困る。金がないとかで使う。逆語のようで逆語ではなく「ネカなんですよ」は困っているという意味である。
ネムル	死んでいる。関西では単に寝ていることであるが，関東では「死」を意味する。
ネリカン	鑑別所。

のめっこい　親しい，仲が良い。「あいつとは，のめっこいですので」。

ハクい　美しい。「ハクい**スケ**だね」。美人だけではなく，良いという意味でも使用される。「ハクい**ケイチャン**（時計）だね」。

ハクスイ　雪。「ハクイ水」で「良い水」となるかといえば，そうではなく雪の意味となる。「今日はハクスイになるなぁ」。関西人にはさっぱり理解不能。

バタ　乞食。関西でも「バタ屋」は使う。「なんでも屋」の意味に近いが，関東では乞食となる。

パチンコ　拳銃。テキ屋用語。「パチンコ打ってきます」と関西人が言うと「拳銃でカチコム」と思われかねない。

ハッタリ　脅迫や威嚇。関西では「ホラ」「大袈裟」の意味で使用される。

パラレル　逮捕される。「パラレちゃいました」。

ヒク　酒を呑む。関西では主に「仕入れ」の意味で使用されている。

ビタ　旅。逆語。

ヒネ　警察官のことだが関東では平の巡査を称する。関西では総じて階級ではなく警察官全部を指す。

ビラ　衣類。「**ハク**いビラだね」。

ビリ　売春婦。テキ屋用語。「ビリとしけ込んでいました」。

ヒン　金銭。テキ屋用語。「**ヒンガマリ**（金持ち）」となる。「あのお方はヒンガマリだよ」。

ヒンクヤ　貧乏人。銭ナシ。「あんなヒンクヤ相手にしていられねぇ」。

ブケホ　警部補。警察用語は各地方独得である。

ブショウネリ	博打打ち。博打狂。「あんなブショウネリはどうしようもない」。
ペテポウ	大バカ者。
ホンムショ	刑務所。
マッサン	**掏模（すり）**。関西では「**パンサ**」。
マネル	チンコロ，告げ口。「親分にマネテやる」。
マブ（間夫）	関西では真実とか本物とかの意味で使用されるが，関東では**情夫**を称する。
ムグッタイ	嬉しい。もったいない。「先生にそんな褒められるとムグッタイです」。
メンチョウ	帳簿。帳面の逆語。
モサ	肝。器量。「モサが座った親分さんだ」。関西では強いとか強固の意味として使用する。
モサガマリ	妊婦。「ナゴがモサガマリなのにこちとら**ブショウネリ**で**ヒンクヤ**で**ネカ**です」。関西人にはもはや外国語に等しい。「情婦が妊娠してわたしは博打に狂い貧乏で大変困っています」「毎日**モサコケ**（空腹）です」「**ヤギ**（米）もありません」。
ヤチ	女性器。「**ヤチバ**（同衾する宿，ホテル）で**ヨサ**（夜）通しで……」。
ヤブ	お化け屋敷。テキ屋用語。関西では「ヤブ」は「下手な医師」を称する。
ヨイチ	財布。「ヨイチを忘れてきちまいました。今日はごちそうになっておきます」。
ヨウシャリ	贅沢な食事。年配の人は現在でも「ヨウシャリ」を使う

ことがある。

ヨシコ　男性器。古い隠語だが品がある。【語源】不明。

ヨタモノ　前科者。関西では「**マエモチ**」という。

ヨロク　利益。

ラッタ　恋慕すること。「あの女にラッタしちまいました」。

ラッパ　大言。「ラッパ吹きやがって」

ラリコ　馬鹿な奴。関西人からすると「薬物等に酔っている者」。どちらにしても馬鹿な奴には違いない。

リツ　法律。

ロウタ　客。「**タロウ**（田舎者）」と同一の意味で使用されることがある。

ロク　男性。女性が「私のロクが……」と使用。**ロクマ**は「若者」となる。**ワカロク**というのは「若旦那」。

ワルマチ　悪口。

【中部・関西編】

エチャケナ（石川）　可愛らしい。愛らしい。「あの店にエチャケナな女がいたんですよ」。

エライ（京都）　身体が辛いこと。偉（えら）いとか優秀という意味ではない。「毎日エライ仕事ばっかしやねん」。

オゾイ　悪質。悪い。「あんなオゾイ兄貴はいません。逆縁します」。

オチョキン　正座する。貯金ではない。「親分の前だ，オチョキンしろ」。

オツクベ　かしこまること。「そこにオツクベして反省しろ」。

カヅケル　かぶせる。責任転嫁。「お前の罪を俺にカヅケルな」。

カラカウ（山梨）　種々な手段を弄する。手を尽くすの意味。関西のカラカウとは全く別の意味なので注意。「いろいろカラカッテるんですが名案がなくって」。

カンピンタン（三重）　貧乏人。スカンピン。「俺カンピンタンでどうもなんねぇ」。

グレル（静岡）　食い違い，約束を守らない。「話がグレちゃってね」関西では「**グレル**」は不良になるという意味なので注意。

ゴセッポイ（静岡）　清々しい気分。仕事が終わった時などに使う。「やっと仕事が片付いたよゴセッペーだー」。

ササラホーサラ　いい加減，杜撰。「ササラホーサラにしときゃいいんですよ，あんな奴のことは」。

ズク（長野）　よく気がつくは「コズク」。大事業をするのは「大ズク」。

シャチヤク（岐阜）　お節介。余計な助言等。「余計なシャチヤイとらんと自分のすることをしろ」。

ジョンノビ　最高の気分。「ジョンノビしてるとき，ケンカを吹っ掛けてきたんですよ」。

ダッチモネー　くだらない。「ほおっておきゃいいんですよ，あんなダッチョモネーことは」。

ダヤイ　面倒，邪魔くさい。「もうヤクザはダヤイです」。

チンプリカエル　スネル。ふてくされる。「チンプリカエッテ親分に**チンコロ**しやがったんですよ」。

つかえん（越中地方）　さしさわりがない。充分。「あれはつかえんよ」とはすなわち「あれは使えるよ」の意味。関西地方など全く逆語となり喧嘩になりかねない。

ツム（和歌山）　混んでいる。一杯。「あそこはツンどるから他の所でやれと言うたのに」。

ツレモテ（和歌山）　一緒に。「こうなったら，あいつのことも**ウトウ**て（喋って）ツレモテいきますわ」。

ナマカワ　なまぬるい。中途半端。「ナマカワなヤキじゃすまねぇぞ覚悟しろ」。

ニゴハチ(京都・滋賀)　中途半端。どっちもつかず。【語源】2 × 5 = 10 だが，これが「8」なら「10」に届かず中途半端。「あんなニゴハチは使えん」。

パーパー（名古屋）　たくさん。多い。大量。

ハザン（三重）　したらいけないこと。「そんなハザンをしたらいかん」。

ハバカリサン（京都）　お礼，感謝。「えらいお世話になりハバカリサンでした」便所ではない。

マワシ（名古屋）　準備。用意。「ちゃんとマワシといてちょー」。性犯罪ではないので注意。

ムシヤシナイ（京都）　間食，軽食。「ムシヤシナイしてるときに襲われました」。

モジケル（和歌山）　潰れる。「チャカがモジケてましてん」。

ヤニコイ（和歌山）　凄い。強い。「あの男はヤニコイでっせ」。

ヨッパラ　飽きる。嫌気がする。ヨッパライではないので注意する。「魚料理はヨッパラだ」。

【中国・四国編】

アルデナイデ（徳島）　「ある」の意味。「あるのかないのか」ではない。すなわち「そこにあるではないか」ということ。

イゴッソー（高知）　強固な精神の持ち主。坂本龍馬で有名。女性の場合は「ハチキン」。

イナゲナ　奇妙な。変な。「イナゲナ格好じゃのう」。映画「仁義なき戦い」でも頻繁に出てくる。

インデコーワイ　失礼します。挨拶。「そろそろインデコーワイします」。

オエン　いけない。ダメ。「オエりゃあせんのう」。

オトッチマ（香川）　怖がり。「あんなオットチマを仲間に入れたら危ないぞ」。

オドリャ（広島）　おまえという意味。大阪河内弁の相手を脅すときの**オンドレ**と似ているが，少しちがう。

オンマク（愛媛）　めちゃくちゃ。大ボラ。「また，オンマクぬかしとる」。

ガイナ　大きい。巨大。「あの男の態度はガイナすぎる」。

カバチ（広島）　屁理屈。「カバチたれとったら，いてまうぞ」（映画『仁義なき戦い』〔1973年〕にも出てくる）。

キサジー（鳥取）　真面目。「キサジーないい男だ。将来が楽しみだ」。

キョーサメー（鳥取）　感心。信じられない。「あんな立派な仕事をするとはキョーサメーだよ」。

キョーテー　怖い。恐ろしい。「キョーテーな人なんで，逃げて帰ってきました」。

ゴザネブリ　大酒呑み。いつまでも酒を呑み続けて帰らない。「あのゴザネブリがまた来やがったぞ」。

ゴジャンと　徹底的。「ゴジャンと懲らしめてやれ。遠慮はいらん」。

コナクソ（伊予松山）　ちくしょう。逆境にいて奮起する意気込みを表す言葉。坂本龍馬を斬った犯人が叫んだとされているが真偽不明。龍馬は，近江屋で斬られる直前に，「**ほたえな**」（土佐弁で「騒ぐな」の意味）と言ったとされるが，これも不明。

セコイ　身体が辛いの意味。お金とか物品に意地汚いことではない。「近頃，身体がセコいのでなぁ」とは身体が苦しいの意味。

タイギイ（広島）　面倒くさい。**【語源】**古語の大儀が変化したものといわれる。「そんなタイギイなこと，できんわい」。

タッスイ　頼りない。弱い。「あんなタッスイ奴，見たことがないちゃ」。

ヂャガマル　潰れる。壊れる。「精神的にヂャガまっとるんや」。

ノーが悪い　都合，具合が良くない。「丁度，今日はノーが悪いんじゃ」。

ハブテル（広島）　すねる。ふてくされる。いじける。「いつまでもハブテとったらくらわすぞ」。

ハメル（徳島）　仲間に入れるの意味。関西では「ハメル」は「陥れる」で使用されるが，この地方の場合は「入れる」とか「仲間に加える」こと。

ビッタレ（岡山,山口）　無精。怠慢。小心者。「このビッタレが，カチコミも行けんのか」。

マッツイ　よく似ている。「マッツイ車じゃけん，間違うなよ」。

マンが悪い（岡山）　間。運命。「そりゃマンが悪かったな」。関西でも使用され，共通語に近いが，岡山が発生地。

マンデガン　全部。総て。「その際，マンデガンいてもうたれ」。

ミヤスイ　簡単。「あんな奴やるのはミヤスイわい」。

ムツゴイ　濃厚。しつこい。「ムツゴすぎるで，あの男は」。

メゲル（広島）　壊れる。潰れる。これも共通語に近いが，広島から発生。人間が悪くなるときなどは「あの男はメゲたな」ともいう。

モンゲー　非常に大変。「モンゲーお人だよ」。

リグル　入念に。「下見はリグれよ」。

【九州・沖縄編】

アクシャうつ	途方に暮れる。むかつく。「もうあの兄貴にはアクシャうちましたたい」。がっくりきたの意味合いも。
アバ	新品。「アバん服着ちょる」。
イジ（沖縄）	怒り。勇気ある者。「あの男はイジャーじゃ」とは勇気ある人。
イッドドマ	１回。「イッドドマは刑務所に入ってきゃんせ」。
ウーバンギャ	いい加減な奴。「ウーバンギャな男だから，そぎゃんことぬかすたい」。
ウチナー	沖縄風。
ガバイ（佐賀）	たくましい。「佐賀のガバイばぁちゃん」で有名。
ガマダス	頑張る。性根を入れる。「刑事になんか喋らん。ガマダスしちょる」。
キバイヤンセ	頑張れ。「この喧嘩はキバイヤンセ」。
ケシンカギー	死ぬ気でやれ。「ケシンカギーで殴り込んでこい」。
サルく	うろつく。「いい歳こいてサルいてばいかん」。
ジラー（沖縄）	顔つき。
シンカ（沖縄）	不良仲間。
セツナカ（せつなか）	狭い。締め付ける。「せつなかズボンたい」。
ダレヤメ（南九州）	夜に呑む酒。「ダレヤメと行くか」。
テゲ（南九州）	たいがいにしろ。「悪ふざけもテゲでんしちょけ」。
トウルバル	ほーっとしている人を「トウルバルヤー」という。
バサロ	たくさん。山盛り。「ばさら，うまか酒たい」とも使わ

れる。

バラモン（長崎） 暴れ者。「ありゃ，バラモンたい」。

フノヨカ（麩のよか） 運が良い。「フノヨカことに，うまかばってん，ポリを振り切りましたとよ」。

メンドシー（大分） わずらわしい。

ユクル（沖縄） 休憩。一休み。「ちょっとゆるくか」。

ヨダキー（南九州） 気が重い。面倒。「今頃呼び出されてヨダキー」。

ヨンニュ 多量。「遠慮なくヨンニュ呑みんしゃい」。

20 仕草編

① 片手の指を丸めて円にして額にをつける

デコ。警察官の意味。「あそこに立っとるのはこれでっせ」。

② 親指と人差し指を重ね，口に持っていき，横に引く仕草

黙秘する意味。

③ 左頬に人差し指で上から下に線を引く

ヤクザ，暴力団の意味。「あの人はこれや」。

④ 片目を手の平で隠す

反目（はんめ）。「あのガキとはこれや」。すなわち敵対していると示す。

⑤ 自分の両手指を組み合わせて胸前で軽く上下に振る

ガッチリした関係。「あいつとはこれでしたが，今はこれですわ」。接見で相手が示したとき，④と⑤で判断して「反目だったが仲良くなったのか」と解することができる。

⑥ 中指と人差し指の間に親指を挟む

性交の意味。「これの間柄です」。

⑦ 人差し指を半分丸める

泥棒，盗人。「あいつはこれ専門です」。

⑧ ⑦と同じ動作をして，何回か引くようにして動かす

拳銃を撃つ。微妙な動作だが指を何回か動かすかどうかで違いを判断する。

⑨ 人差し指と親指をつけて何回かこする

覚醒剤のこと。「これですわ」。覚醒剤の所持使用で逮捕されたということ。

⑩ 小指を立てる

自分の愛人を示す。

⑪ 両手を組み，両人差し指を立て鼻上で立てる

トンズラ（逃げる）。「今はこれしてますねん」。

⑫ **片手を胸の懐に入れるような仕草をする**

横領すること。現金のことは親指と人差し指で丸を作る一連の動きで判断できる。

⑬ **握りこぶしから人差し指を突き立て，反対の肘の内側に向けて何度か動かす**

覚醒剤を自分で注射したこと。

⑭ **人差し指と薬指を立て，口もとで軽く動かす**

マリファナを吸引すること。

⑮ **親指と人差し指を立て，口もとで動かす**

覚醒剤のアブリ使用を示す。ガラパイ吸引。

⑯ **親指を人差し指の先端に当て弾くようにする**

小物，小さいことを示す「ゴミみたいな」の表現でもある。先に鼻穴に人差し指を入れてから，この動作に移ると「鼻くそみたいな奴」と人を示している。

⑰ **片手の親指を上に向け，他の４本の指は下に向け，口もとで激しく動かす**

口先だけのの者を示す。「これだけの男ですわ」。

⑱ **両手の親指と人差し指を各両耳から鼻上に動かせ，鼻上で結ぶような動きを示す**

常習の盗人のこと。「本格派でっせ」。

⑲ **両手の甲を合わせて顔をしかめて少し離す**

対立関係を示す。女性あるいは男性との別離を示す場合もある。

⑳ **握り拳の甲から親指を立てる**

親分や上司を示す。「これ，怒っていませんか」。

㉑ **片肘を横に振る仕草**

「肘鉄をくらう」。すなわち女性にふられる，逃げられること。

㉒ **両人差し指を両耳の上に立てる**

怒っている。親指や小指を立ててからこの動作に移ると，上司や妻が怒っていることを示す。

㉓　片掌を胸前で親指を上に向け，もう一方の手の平で掌の下を叩く

自動式拳銃のこと。弾倉を拳銃に入れる仕草から。

㉔　片手を鼻上に立てる

つけあがる。天狗になっている。「あのガキは最近こうなっています」。

㉕　片耳に少し開いた手を当て立てる

盗み聴きすること。内緒で聞きたいことがあるときにも使用する。

㉖　腹部を片手で円を描（えが）く仕草をする

妻が妊娠していること。「女がこれでんねん」。

㉗　話の途中で座っている椅子から立つ仕草を見せる

もう我慢できない。辛抱の限界がきたと示す。「まぁまぁ落ち着け」となだめてくれるのを最初から期待している。

㉘　小指を出し，それを手刀で切る仕草

エンコをつめること。「これで借金を清算しますわ」。

㉙　頭を手の平で額側から撫でる

丸坊主にする。「これで辛抱してくれませんか」。

㉚　両拳を下に向け，手首だけを動かす

単車で走ることを示す。

㉛　親指と中指で両目を鼻部から耳部に動かせ眼鏡を示して，次に同様に口部を四角に囲む

変装することを示す。

㉜　両親指と中指を丸めて目に当てる

下見することを示す。出歯亀（のぞき魔）が使うこともある。「今夜，行きまっか」と仲間を誘う。

㉝　ポンと片手の平でその者の尻を叩く

張り切って，気合いを入れ。

㉞　火打ち石を肩付近で鳴らす仕草をする

勝って帰ってきてくださいとの表現。

㉟　両手を挙げて万歳の仕草をする

「降参」，「参りました」の意思表示。接見のとき「これですわ」と全てを自供してしまったことを示したりする。お金がない場合にもこうした仕草をする。

㊱　口をすぼめて片指で両頬もしくは両指で両頬を押さえる

薬物にボケてやせこけているの表現。「こないなってますわ」。

㊲首を横に曲げる

無視する。相手にしない。「取調べにはずっとこれしてます」。否認や黙秘を続けていること。

㊳　両肘までを体につけて肘から指先までを横にして伸ばし，指先を上下に動かす

鳥が飛ぶようなマネ。不起訴とか処分保留で釈放になるとの表現。

㊴　片拳を握る

違法行為を見逃してもらうことを示す。「こっちの方はこれしてくれと言うてます」と指をこすり，握り拳をつくれば覚醒剤事件は立件を見送ってくれるよう頼んでいると解釈できる。

㊵　両拳を腹部に突き出す

逮捕。「あいつもこれですわ」。

㊶　自分の腹部を手の平で軽く叩く

後は心配せず，「任せとけ」との表現。

㊷　目を閉じて両手の平を重ねて片耳の横に持っていき，首をその方向に傾ける

寝ているフリをする。無視する。「金を借りに行ったら，いつもこれですわ」。

㊸　顔を突き出し，鼻音を鳴らし鼻穴を動かす

臭う。臭い。嘆かわしいの意味を示す。

㊹　両人差し指で両目をつり上げる

怒っている。「うちの嫁がこんな感じで面会にも来ません」。

㊺　片方の手で指を揃え首横を早く少し動かす

クビ，おはらい箱（これらの総称）。「ついにこれですわ」。

㊻　両指を揃え，両目の前で横水平にする

泣く。泣いている。「毎日，こうしていると嫁に伝えてください」。

用語索引

＊太字の数字は項目頁。その他は使用例など関連項目の頁。

【あ】

【い】

【う】

【え】

【お】

【か】

【き】

【く】

【け】

【こ】

【さ】

【し】

【す】

【せ】

【そ】

【た】

【ち】

【つ】

【て】

【と】

【な】

【に】

【ぬ】

【ね】

【の】

【は】

【ひ】

【ふ】

【へ】

【ほ】

【ま】

【み】

【む】

【め】

【も】

【や】

【ゆ】

【よ】

【ろ】

【わ】

◎執筆者プロフィール

下村忠利（しもむら・ただとし）

1972（昭和 47）年、京都大学法学部卒業。1977（昭和 52）年、弁護士登録。
日本弁護士連合会刑事弁護センター副委員長、大阪弁護士会刑事弁護委員会委員長、大阪弁護士会裁判員本部副本部長、刑事弁護フォーラム副代表世話人などを歴任。2004年（平成 16 年）、日本初の刑事弁護専門事務所「刑事こうせつ法律事務所」を開設。弁護士法人大阪パブリック法律事務所所長を経て、現在、下村・辻法律事務所で執務中。
主な著作:『実務刑事弁護』（三省堂、1991 年）、『刑事弁護の技術』（第一法規、1994 年）、『刑事手続の最前線』（三省堂、1996 年）、『実務体系　現代の刑事弁護　第 1 巻　弁護人の役割』（第一法規、2013 年）などに刑事弁護に関する論考を寄せている。
最近では、『否認事件の弁護（上）』（現代人文社、2023 年）に「否認弁護の精神とは何か。」を執筆している。

刑事弁護人《けいじべんごにん》のための隠語《いんご》・俗語《ぞくご》・実務用語辞典《じつむようごじてん》（第2版）

2016 年 4 月 8 日　第 1 版第 1 刷発行
2023 年10月20日　第 2 版第 1 刷発行

著　　者　下村忠利
発 行 人　成澤壽信
発 行 所　株式会社 現代人文社
〒 160-0004　東京都新宿区四谷 2-10 八ッ橋ビル 7 階
振替　00130-3-52366
電話　03-5379-0307（代表）
FAX　03-5379-5388
E-Mail　henshu@genjin.jp（代表）／ hanbai@genjin.jp（販売）
Web　http://www.genjin.jp
発 売 所　株式会社 大学図書
印 刷 所　株式会社 ミツワ
ブックデザイン　Malp Design（清水良洋）

検印省略　PRINTED IN JAPAN　ISBN978-4-87798-843-2　C2032